本书受四川省哲学社会科学研究"十一五"规划青年项目资金资助

新 视界
新 观察

员工精神激励感知
与组织公民行为关系研究

——以石油企业为例

伍利民　著

图书在版编目（CIP）数据

员工精神激励感知与组织公民行为关系研究 / 伍利民著. —
北京：中国社会科学出版社，2012.12
ISBN 978—7—5161—1915—0

Ⅰ.①员… Ⅱ.①伍… Ⅲ.①企业管理—人事管理—激励—研究
—中国②企业管理——组织管理学—研究—中国 Ⅳ.①F279.23

中国版本图书馆CIP数据核字（2012）第098378号

出 版 人	赵剑英
责任编辑	王　斌
特约编辑	胡新芳
责任校对	范丽雯
责任印制	王　超

出版发行	中国社会科学出版社
社　　址	北京鼓楼西大街甲158号（邮编 100720）
网　　址	http://www.csspw.cn
	中文域名：中国社科网　010—64070619
发 行 部	010—84083685
门 市 部	010—84029450
经　　销	新华书店及其他书店

印　　刷	北京市大兴区新魏印刷厂
装　　订	廊坊市广阳区广增装订厂
版　　次	2012年12月第1版
印　　次	2012年12月第1次印刷

开　　本	710×1000　1 / 16
印　　张	8.5
插　　页	2
字　　数	140千字
定　　价	29.00元

目　录

第一章 绪论

一 研究背景

随着经济全球化和国际化的日趋明显，全球竞争日益加剧，使国家、地区和企业不再只靠资本投资和规模经济等传统的方法保持长期竞争的优势，企业的管理者认识到人力资本是竞争力的根本。企业只有拥有一流的人才，才会有一流的计划、一流的组织、一流的领导，才能充分有效地掌握和应用一流的科学技术，才能在国际竞争中占领制高点。显然，人力资本已经成为企业发展的第一生产力，最大限度地发挥企业人力资本的潜能成为现代企业人力资源管理的重点。研究表明，员工在无激励状态下仅能发挥其实际工作能力的20%—30%，而受到充分激励的员工，其工作能力能发挥到80%—90%，其中50%—60%的差距是激励的作用所致。由此可见激励在企业人力资源管理中的重要作用。油气资源是国民经济发展的战略性资源，随着中国经济的高速增长，对油气资源的需求越来越大，依存度越来越高，油气的有效生产与安全供给已经成为中国经济发展过程中的重要战略问题。自中国加入WTO以来，国内的经济环境发生了巨大的变化，国外石油企业开始进驻中国，其先进的管理经验对国内石油企业造成了巨大冲击，石油行业的垄断地位受到了挑战，面临的竞争压力日益加大。为了提高自身的竞争力，国内石油企业采取了一系列措施来激励员工，如加薪、奖金等物质奖励，然而效果并不显著，企业管理面临着物质刺激的边际效用不断下降，管理成本上升而管理效用下降的尴尬局面，精神激励措施的缺乏是造成这种局面的根本原因。因此，如何有效地激励员工，并建立员工的内在激励机制以提高员工的工作绩效，降低员工缺勤率、离职率已经成为石油企业管理者和广大学者关注的重要课题。

组织公民行为是员工的自发行为，其未直接和明确地受到组织正式报酬系统的承认，是一种有利于组织的行为。只有对组织有强烈认同感的员工才会表现出组织公民行为，其可以增强员工之间的协调和合作、节约组织资源、营造和谐的组织氛围等，对于提高员工的工作满意度、组织忠诚度，降低缺勤率、离职率有积极的作用。组织公民行为是员工与组织之间社会交换关系变化的指示器，其产生源于员工的心理契约，即员工通过组织公民行为回报组织提供的良好的工作条件和待遇或者期望组织能够履行对工作条件和待遇的承诺，是一种员工可以自由选择、酌情增减的行为。心理契约的履行对组织公民行为具有积极的预测作用，而心理契约的违背与组织公民行为之间存在负关系。精神激励能够启动员工自身的内在动力系统，启发人们认识工作对自身利益、自我成长的意义，能带给员工得到承认和受到尊重的满足和喜悦，并针对员工客观的需要，激励和强化正确的动机，具有持续的内驱动作用。显然，精神激励在一定程度上巩固和增强了员工对企业的心理契约，本书有理由假设员工的精神激励认知是员工组织公民行为的前因变量。

二　研究目的及意义

（一）研究目的

本书的研究目的可以概括为三个方面：

1. 弄清员工精神激励感知的总体水平及组织公民行为的表现形式

通过对石油企业精神激励机制的现场调研和石油企业员工精神激励感知、组织公民行为的问卷调查，了解石油企业员工精神激励感知的总体水平及所表现出的组织公民行为。

2. 弄清员工精神激励感知对组织公民行为的作用机理

通过石油企业员工精神激励感知与组织公民行为的关系研究，弄清石油企业精神激励感知对石油企业组织公民行为的影响程度以及影响路径。

3. 提出员工精神激励的具体策略

在弄清石油企业员工精神激励感知与组织公民行为关系的基础上，有针对性地提出适合石油企业机构设置、管理特征以及员工工作任务、生活环境的精神激励策略，以科学地解决石油企业激励机制中存在的问题，从而提高石油企业员工的精神激励感知水平，激发石油企业员工表现出组织公民行为。

（二） 研究意义

在世界经济一体化和中国"入世"的大环境下，国内石油企业生存和发展的环境发生了深刻的变化。国内石油企业已经不再是国内能源供给部门，而成为国际油气市场中的一个经营企业，面临着前所未有的竞争压力。由于缺乏有效的激励手段，企业技术人才选择到待遇更为优厚的外资石油企业工作，离职率不断上升，给国内石油企业的发展造成巨大损失。如何提高石油企业员工对企业的忠诚度、降低离职率已经成为有待于中国石油企业解决的严峻问题。本书对石油企业员工的精神激励感知和组织公民行为展开研究，对于提高员工忠诚度，促进石油企业的健康、持续发展具有重大的理论意义和实践意义。

1. 理论意义

本书以石油企业员工为研究样本，探讨员工精神激励感知与组织公民行为的关系，丰富了员工精神激励感知、组织公民行为的研究理论和研究成果。

（1）国外的员工组织公民行为研究已有几十年的历史，而国内的员工组织公民行为研究起步较晚，缺少有代表性的实证研究，基于特定研究样本的研究更为欠缺，本书可以很好地弥补这一欠缺。

（2）本书针对石油企业的实际和员工的工作特点，结合国内外成熟的员工精神激励感知量表和组织公民行为量表，编制了适合石油企业员工这一特殊群体的精神激励感知量表和组织公民行为量表，丰富了员工精神激励感知与组织公民行为的测量工具。

（3）国内外学者的研究视角多集中于组织公民行为的结果变量，鲜有研究涉及组织公民行为的前因变量。本书将员工精神激励感知作为组织公民行为的前因变量，探讨员工精神激励感知对组织公民行为的作用机理，丰富了员工精神激励感知及组织公民行为的研究理论。

2. 实践意义

本书在弄清石油企业员工精神激励感知真实水平、员工组织公民行为表现形式以及石油企业员工精神激励感知对组织公民行为作用机理的基础上，有针对性地提出了石油企业员工精神激励对策和方法，对于石油企业的健康、持续发展具有重大的实践意义。

（1）有利于健全石油企业的激励机制。物质激励已经成为石油企业管理实践中比较成熟的激励手段，而精神激励尚未引起石油企业管理者的足够重视，本书可以有效地克服这一问题，使石油企业管理者认识精神激励的重要作用，从而为石油企业逐步建立健全精神激励机制做好准备。

（2）有利于发挥石油企业员工的主体作用。物质激励的主体是组织或外部的因素，而精神激励的主体源于个体本身。精神激励可以帮助员工产生由内向外、指向目标的精神动力，把外部推力转化为内心驱动并长久地保持下去，更好地发挥员工的主体作用。

（3）有利于提高石油企业的管理效用，降低管理成本。精神激励能够有效地扭转石油企业物质激励的边际效用不断递减、管理成本上升和管理效用下降的尴尬局面，从而提高石油企业的管理效用。

三 研究方法与技术路线

（一） 研究方法

本书采用文献资料法、访谈法、问卷调查法完成石油企业员工精神激励感知及组织公民行为样本数据的收集，并运用规范分析法、实证分析法、规范与实证结合法来完成石油企业员工精神激励感知与组织公民行为的关系研究，以提高研究结论的科学性、实用性及对策措施的可行性、可操作性。

1. 文献资料法

文献资料法亦称历史研究法或文献资料研究法，是利用各种渠道对文献和资料进行合理的收集与应用以获得间接理论知识的一种方法。研究过程中通过中国期刊全文数据库（LSG）、中国博士学位论文全文数据库

（ACAD）、外文期刊库（NSTL）以及Google等查阅资料，了解国内外员工精神激励感知及组织公民行为的研究现状。

2. 调查法

调查法是指通过书面或口头回答问题的方式，了解被试者的心理活动的方法。书面调查又称为问卷调查法，就是通过向被调查者发出精心设计的简明扼要的征询单、表（问卷），请其填写对有关问题的意见和建议，向被调查者了解和收集各种事实、行为、观念、态度方面的信息，来间接获得材料和信息的一种方法。本书根据石油企业实际，结合员工精神激励感知、组织公民行为调查问卷的问题，对石油企业员工的精神激励感知与组织公民行为进行调查，并结合与石油企业部分员工座谈的方式对问卷调查的结果进行修正。

3. 规范分析法

规范分析（normative analysis）是对事物运行状态作出是非曲直的主观价值判断，力求回答"事物的本质应该是什么"。规范，就是作评价，有自己的主观观点，描述已有的事物现象应该是一个什么样的状态。本书以石油企业激励机制及员工工作的特点为基础，采用规范分析法对员工精神激励感知与组织公民行为的关系进行探讨。

4. 实证分析法

实证分析（empirical analysis）就是着眼于当前社会或学科现实，通过事例和经验等从理论上推理说明。实证分析方法是一种通过对经验事实的观察和分析来建立和检验各种理论问题的科学研究方法。它强调经验研究，但不是单纯地将以往的经验综合在一起得出结论，而是在经验的基础上结合理论分析得出应有的结论。本书通过具体石油企业员工精神激励感知水平、组织公民行为表现的实证分析，对员工精神激励感知对组织公民行为的影响关系进行实证说明。

5. 规范与实证结合法

本书采用规范与实证研究相结合的研究方法，并明确员工精神激励感知调查的5个环节：调查计划制订（Plan）、调查计划执行（Do）、调查结果分析（Analyze）、改进措施实施（Correct）和实施结果反馈（Review）。这5个环节环环相扣，从而实现石油企业员工精神激励感知水平的不断攀升。

（二） 研究的技术路线

（1）对以往精神激励和组织公民行为的相关文献进行回顾和整理，了解国内外精神激励感知和组织公民行为研究的历史成就和前沿成果，形成比较全面的精神激励感知和组织公民行为文献综述，为本书研究提供充分的理论支持，从而明确研究主题和研究目的。

（2）从员工精神激励感知和组织公民行为的相关理论出发，借鉴国内外成熟的精神激励感知量表和组织公民行为量表，完成石油企业员工精神激励感知量表、组织公民行为量表的编制。通过对石油企业激励机制的实地调研和对石油企业员工精神激励感知、组织公民行为的问卷调查来收集本书研究所需的样本数据，为弄清石油企业员工精神激励感知、组织公民行为的结构以及二者的关系做好准备。

（3）利用统计分析软件SPSS17.0对石油企业员工精神激励感知问卷收集的数据进行分析处理，分析石油企业员工精神激励感知的维度，并准确掌握石油企业员工精神激励感知的结构。利用统计分析软件SPSS17.0对石油企业员工组织公民行为问卷收集的数据进行分析处理，弄清石油企业员工组织公民行为的维度，并准确把握石油企业员工组织公民行为的结构和表现形式。

（4）探讨石油企业员工精神激励感知与员工组织公民行为之间的关系，从而验证石油企业员工精神激励感知能促进员工的组织公民行为这一假设的正确性，并在此基础上提出石油企业员工精神激励的建议和改进方法。

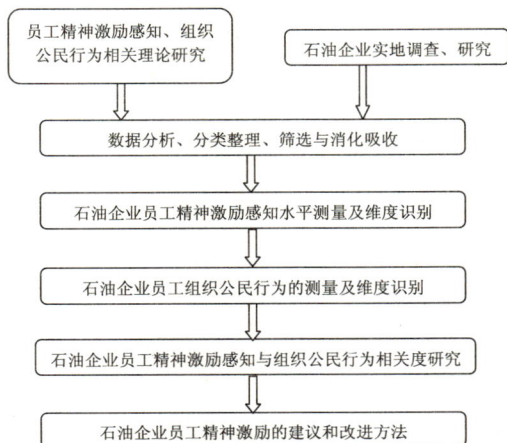

图1—1　本书的研究路线

四 研究内容

本书以石油企业员工为研究对象，以心理学理论、心理契约理论、社会交换理论、组织行为理论、人力资源管理理论为理论依据，对石油企业员工的精神激励感知和组织公民行为展开研究，重点探讨石油企业员工精神激励感知对组织公民行为的影响，研究内容涵盖以下五个方面。

1. 员工精神激励感知和员工组织公民行为的基础理论研究

通过阅读文献资料，对精神激励、员工精神激励感知和员工组织公民行为的相关研究成果进行归类、分析，并界定员工精神激励感知和员工组织公民行为的含义，从而更深层次地把握员工精神激励感知和员工组织公民行为的内涵。

2. 石油企业员工精神激励感知研究

首先，运用统计分析软件SPSS17.0对石油企业员工精神激励感知数据进行探索性研究，采用因子分析方法将石油企业员工精神激励感知分为参与激励感知、成长与发展激励感知、荣誉与晋升激励感知三个维度；其次，采用统计分析软件AMOS17.0对石油企业员工精神激励感知的维度进行验证性研究，以此为基础构建石油企业员工精神激励感知模型；最后，运用方差分析方法研究性别、婚姻状况、年龄、文化程度、工作年限、年收入、职务对石油企业员工精神激励感知的影响。

3. 石油企业员工组织公民行为研究

首先，运用统计分析软件SPSS17.0对石油企业员工组织公民行为数据进行探索性研究，采用因子分析方法将石油企业组织公民行为分为积极主动、组织参与、表达意见、组织忠诚、助人行为五个维度；其次，采用统计分析软件AMOS17.0对石油企业员工组织公民行为的维度进行验证性研究，并构建石油企业员工组织公民行为模型；最后，运用方差分析方法研究性别、婚姻状况、年龄、文化程度、工作年限、年收入、职务对石油企业员工组织公民行为的影响。

4. 石油企业员工精神激励感知与组织公民行为相关度研究

石油企业员工精神激励感知与组织公民行为之间的关系是本书研究的

重点，运用相关分析方法、回归分析方法对二者之间的关系进行探索，并依据结构方程模型的原理构建石油企业员工精神激励感知与组织公民行为的关系模型。

5. 石油企业员工精神激励的对策与建议研究

通过对石油企业员工精神激励感知的研究准确把握石油企业员工精神激励感知的真实水平，从正面映射石油企业精神激励体制中存在的问题和不足，以此为基础，遵循石油企业员工精神激励的相关原则，并结合石油企业的实际情况，有针对性地提出石油企业员工精神激励的对策与建议。

五　研究的重点、难点

本书研究的重点是通过对石油企业员工的问卷调查，识别石油企业员工精神激励感知的总体水平、员工精神激励感知的维度以及员工组织公民行为的具体表现形式，并运用相关分析方法、回归分析方法探讨员工精神激励感知对组织公民行为的预测作用，重点完成了三个方面的研究工作。

（1）石油企业员工精神激励感知量表和组织公民行为量表的编制。

（2）石油企业员工精神激励感知维度以及员工组织公民行为表现形式研究。

（3）石油企业员工精神激励感知与组织公民行为相关度研究。

本书研究的难点在于石油企业员工精神激励感知问卷的编制及员工精神激励感知维度的划分。目前，国内外关于员工精神激励感知的研究较少，缺少成熟的员工精神激励感知量表，鲜有研究涉及员工精神激励感知的维度划分，在一定程度上制约了石油企业员工精神激励感知量表的编制工作和石油企业员工精神激励感知维度的识别工作。

第二章　国内外研究现状

美国哈佛大学的心理学家威廉·詹姆斯认为，受到充分激励员工的能力比一般情况下多发挥了三四倍，其作用是巨大的。激励可以提高员工的积极性和创造性，鼓励员工奋发向上，增强责任感和事业心，从而提高组织绩效。目前，企业大多注重对员工的物质激励而忽略了精神激励，导致物质激励的边际效用不断下降，降低了管理效率。精神激励的目的是启动人们的内在动力系统，帮助员工建立内在驱动机制，启发员工认识工作对自我利益、自我成长的意义，建立起以自我激励为主、外部激励为辅的激励机制，从而巩固员工与组织之间的心理契约，使员工表现出组织公民行为。

一　精神激励研究综述

（一）　精神激励的含义

激励理论是20世纪以来在西方资本主义激烈竞争中产生和发展起来的，自此国内外学者对激励理论进行了大量的研究。行为学家认为，所有的人类行为都有一定的动机性，即不存在无目标导向的人类行为，即人的动机多起源于人们的需求欲望，一种没有得到满足的需求是动机的起点，也是引起行为的关键，如果人们的需求未得到满足，则会造成个人的内心紧张，从而导致个人采取某种行为来满足需求以解除或减轻其紧张程度。因此，激励的过程实际上就是人的需求满足的过程，它以未能得到满足的需求开始，以得到满足的需求告终。人的需求是多种多样、无穷无尽的，所以激励的过程也是循环往复、持续不断的。当人的一种需求得到满足之后，新的需求将会反馈到下一个激励循环过程中去。国内外学者的研究视角、研究方法、研究范式以及知识、背景、经历存在差异，激励被赋予了不同的内涵。激励的一般含义是一个有机体在追求某些既定目标时的愿意程度，也包含确定诱发愿意程度的力量和性质。P. 荷西和K.H.布兰查德所著的《组织行为管理学》一书认为，"激励的状态即是一个人的动机如何被导向目标的达成"。B.贝雷尔森和G.A.斯坦那（B.Berelson & G.A.Steinner）在《人类行为：科学管理的成果》一书中指出，"激励是所有那些说成是希望、欲望、动力等内心的奋发状态，它是一种起激发作用的同心状态"。中国著名组织行为学家杨锡山在《西方组织行为学》一书中认为，"组织行为学中的激励主要指企业工作中的激励，也就是管理工作中的调动积极性问题"[①]。管理心理学将激励定义为"通过内部或外部刺激，激发和培养人的动力，使人产生内在动机，促使人为实现期望目标而努力的过程"[②]。企业实行激励机制的根本目的是正确地诱导员工的工作动机，使他们在实现组织目标的同时实现自身的需要，提高其满意度，从而使他们的积极性和创造性得以保持。激励的形式多种多样，包括薪酬激励、股权激励、宣传激励、情感激励、环境激励、权力激励、业绩激励等，但从总体上说主要有物质激励和精神激励两种。物质激励就是从满足人的物质需要出发，对物质利益关系进行调节，从而激发人们向上的动机并控制其行为的趋向。物质激励多以加薪、发奖金的形式出现，是企业激励机制中不可或缺的重要手段。物质激励不属于本书研究的内容，对其不作过多讨论。国内外学者从不同的角度对精神激励的含义进行了描述，界定了精神激励的领域和范围，并指出了精神激励的一些具体方法（见表2—1）。显然，学者以界定精神激励的概念为出发点，探讨了精神激励的目的和本质：（1）精神激励的目的。精神激励的目的是在保障实现组织预期目标的前提下，培养员工的自立性，帮助员工实现自我管理、自我提升、自我实现，促进员工精神上成才和全面发展，从而实现企业和员工的共同发展。（2）精神激励的本质。精神激励的本质在于对员工心理的"内在驱动"，即启动人们的内在动力系统，启发人们认识工作对自我利益、自我成长的意义，建立起以自我激励为主，外部激励为辅的激励机制。

---

① 齐善鸿、刘明、吕波：《精神激励的内在逻辑及操作模式》，《科学管理研究》2007年第7期。

② 王朝晖：《精神激励在人力资源管理中的作用》，《经济论坛》2004年第24期。

表2—1　　　　　　　　　　　　　　精神激励的含义

研究者	年份	精神激励的含义
Ashmos D.P. & Duchon D.	2000	精神激励旨在满足、引导、升华员工的精神需要，使员工在正确的思想、健康情绪的支配下，充分发挥其积极性、主动性和创造性，在改造客观世界的同时不断地发展和完善自己，从而激发员工的动机、挖掘员工的潜力，使之充满内在的活力和动力，最终顺利实现既定的目标*。
John Milliman Andrew J.C. & Jeffery F.	2003	精神激励是企业授予员工某种具有象征意义的信号或对员工的行为方式和价值观念给予认可、赞美等作为激励手段**。
申来津	2003	精神激励是社会主体（社会、组织或个体员工）在一定的社会环境中，借助于精神载体，如思想、观念、情感、信念、荣誉、期望等来激发启迪、塑造、诱导激励对象，引起被激励者在思想结构、精神状态、心理体验和行为方式等方面的变化，从而有效地实现激励者预期目标的过程***。
Amar A.D.	2004	精神激励是对工作或其他方面做出成绩的单位和个人给予荣誉奖励，使之更加奋发向上****。
齐善鸿、刘明、吕波	2007	精神激励是指管理者以认识和理解员工或下属的内在心理动力系统的内容与特性为基础，采取非物质手段为特征的、经济的、有针对性的措施激发其潜能和工作热情，并将其行为目标与组织目标进行协调的过程*****。
袁瑛、卢文文	2009	精神激励是从满足人的精神需要出发，对人的心理施加影响，从而产生激发力，影响人的行为，且精神激励是非报酬性的，其能够减少企业对物质激励的依赖，使企业从不断加薪的循环中摆脱出来******。

＊ Ashmos D.P. & Duchon D. , "Spirituality at work: a conceptualization and measure", *Journal of Management Inquiry,* Vol. 9， No. 2, 2000, pp. 134-45.

＊＊ John Milliman, Andrew J. C. & Jeffery F. , "Workplace spirituality and employee work attitudes", *Journal of Organizational Change Management,* Vol.16， No.4, 2003, pp. 426-447.

＊＊＊ 申来津：《精神激励的权变理论》，武汉理工大学出版社2003年版。

＊＊＊＊ Amar A.D. , "Motivating knowledge workers to innovate: a model integrating motivation dynamics and antecedents", *European Journal of Innovation Management,* Vol.l7， No. 2, 2004, pp. 89—101.

＊＊＊＊＊ 齐善鸿、刘明、吕波：《精神激励的内在逻辑及操作模式》，《科学管理研究》2007年第7期。

＊＊＊＊＊＊ 袁瑛、卢文文：《管理中的物质激励和精神激励》，《中国集体经济》2009年第3期。

通过对国内外精神激励研究的分析、整合，针对其存在的不足，本书认为精神激励是指企业为最大限度地满足员工的精神需要和主体地位，通过设定可行的目标并借助一定的载体来激发、启迪、影响员工的思想、观念、意志、情绪，达到审视、校正、转变、重建思想观念和认识的目的，以提升员工的精神境界，从而使企业和员工都得到和谐、持续发展的过程，其本质是企业对其员工尊严和价值的肯定及对员工的终极关怀，并把二者有机地统一起来。

（二） 精神激励的方式

"精神"一词源自拉丁文spritus，原意为轻微的风动、轻薄的气流。现在一般指社会存在决定的人的意识活动及其内容的总称，既包括个人的思维、意志、情绪等活动，也包括社会中的思想、观念、理论、学说等。精神是一种人人无法回避的现实存在，它是由人在生产和生活实践中不断感悟、不断提炼而生成的，并对人的认识和实践活动产生指导和推动作用。精神是一种内在的价值判断体系，对现实中的各类事件进行有意义的判定或者赋予，从而决定行动及其方向和强度。恩格斯说过："推动人去从事活动的一切，都要通过人的头脑……外部世界对人的影响表现在人的头脑中，成为感觉、思想、动机、意志。总之，成为'理想的意图'，并且通过这种形态变成'理想的力量'。"[①]这种"理想的力量"虽然不排除物质动力，但主要是指人的精神动力。马克思认为精神活动是使人最向往的一个活动领域，是人的全面发展的一个主要方向，是人的智力获得高层次发展的最有效途径，如果缺乏人的精神价值追求，人的全面发展则是畸形的、虚无的。管理中所面对的行为，实际上是由每个人内在的精神系统控制的，外部的刺激只能通过人的精神系统进行意义的识别和赋予，一旦管理系统中精神动力形成并发挥应有的作用，管理活动就会产生更高的效率和更好的效益。由此可见，精神激励是对员工精神世界的主动关照，体现了对员工尊严和价值的肯定及对员工的关怀，其是满足人的高层次心理需求的根本性激励，是一种主导的、持久的激励形式，具有持续的内驱动作用，是真正的激励源泉。因此，企业对员工的精神激励应从满足员工的自我成就出发，努力帮助员工实现自身价值。在现代企业的管理实践中，常用的精神激励主要有培训激励、参与激励、目标激励、晋升激励、荣誉激励、成长与发展激励、沟通激励、关系激励、授权激励、文化激励等方式，这些激励方式的目的都是满足员工社交需求、尊重需求、自

---

① 《马克思恩格斯选集》第4卷，人民出版社1995年版。

我实现需求等高层次的需求 ①。在企业管理实践中，精神激励方式未必在企业的精神激励机制中均有所体现，而是企业根据自身实际，选用适宜的精神激励方式，在提高管理效率的同时，降低管理的成本。王霞（2005）、刁黎辉（2006）对精神激励方式进行了总结（见表2—2）。

通过对精神激励含义与精神激励方式的梳理和概括，本书从心理学的角度给出员工精神激励感知的含义，即员工精神激励感知是员工心理上对组织内培训激励、参与激励、目标激励、晋升激励、荣誉激励、成长与发展激励、沟通激励、关系激励、授权激励、文化激励等精神激励方式满足自我需求的主观感受，这种主观感受会对员工的行为产生影响。

表2—2　　　　　　　　　　　　　精神激励的方式

培训激励	培训激励就是给企业员工提供继续教育的机会，提高员工的知识水平和技能水平，转变员工的工作态度和工作动机，增强员工的生存能力、工作能力和竞争能力。
参与激励	参与激励是给员工提供充分的参与讨论、参与决策、参与管理的机会，从而提高员工的主人翁参与意识和对企业的归属感。
目标激励	目标激励是明确地提出员工的工作目标，最好是具体而又富有挑战，并与员工取得一致的意见，使员工能灵活地以他们认为的最适宜的方式去实现既定的目标，最大限度地实现自我价值。
晋升激励	晋升激励是企业为了提高员工的积极性和组织内部的竞争力，为表现好、绩效高、有能力、有发展潜力的员工提供升迁机会，从全方位满足员工的物质、精神需求，从而满足员工的成就感。
荣誉激励	荣誉激励就是给优秀员工以各种荣誉，使员工的劳动得到承认和肯定，满足员工的自尊心和荣誉感等精神需求，而激发员工更加努力地工作。
成长与发展激励	成长与发展激励就是企业给员工提供施展才华的机会，使员工得到锻炼和成长，使员工感到自我的价值和工作的意义，满足其自我实现的需求。
沟通激励	沟通激励包含情感沟通和信息沟通两个方面。情感沟通是管理人员从各部门、各层级间的沟通中获得员工需求和员工意见的信息，信息沟通则是信息的有效分享和传播。
关系激励	关系激励是在组织内部为员工营造一个和谐、宽松的心理环境，使员工相互协作，共同奋斗。
授权激励	授权激励是对员工适当授权，形成员工对企业的归属感、认同感，以进一步满足自尊和自我实现的需求。
文化激励	文化激励是以企业精神为核心，把员工的思想和行为引导到企业所确定的发展目标上，并通过企业的价值观念、行为准则、道德规范，以文字形式或社会心理形式，对员工的思想、行为施加影响、控制。

资料来源：王霞：《房地产经营与管理》，复旦大学出版社2005年版；刁黎辉：《企业员工精神激励的研究——国有电力企业案例研究》，博士学位论文，对外经济贸易大学，2006。

---

① 王霞：《房地产经营与管理》，复旦大学出版社2005年版；刁黎辉：《企业员工精神激励的研究——国有电力企业案例研究》，博士学位论文，对外经济贸易大学，2006年。

二　组织公民行为研究综述

（一）　组织公民行为的含义

组织公民行为研究引起了学术界的广泛关注，国内外学者对员工的组织公民行为展开了大量的研究，获得了丰硕的成果[①]。组织公民行为理论最初是与"合作意愿"和组织有效运行密切联系着的。组织公民行为概念的来源可追溯到1938年巴纳德（Barnard）提出的员工"合作意愿"。1966年卡茨（Katz）和卡恩（Kahn）提出组织的有效运作依赖于员工的三类工作行为：（1）员工必须参与并留在组织中；（2）员工的行为必须符合组织的特定角色要求；（3）员工必须主动完成创新及超越工作要求的自发性行动，即主动自发地为组织负担一些分外之事。贝特曼和奥根（Bateman & Organ，1983）在此基础上，并借鉴巴纳德（1938）的"合作意愿"和卡特（Kart，1964）的"自主的和合作的行为"，提出了组织公民行为的概念。奥根等（1983）其将组织公民行为定义为"组织公民行为是一种有利于组织的角色外行为和姿态，既非正式角色所强调的，也不是劳动合同所引出的，而是由一系列非正式的合作行为组成，其不能直接和明确地受到组织的正式报酬系统承认，是一种自主的个人行为、有利于组织有效性的行为"[②]。菲尔茨（Fields，2002）把组织公民行为视为"与角色内工作无关的角色外行为"，因为其既不是工作说明书所描述的，也不是雇员与组织的雇佣合约具体条款所规定的[③]。国内学者借鉴国外学者的研究成果，结合中国企业的文化背景，对组织公民行为进行了界定。苏方国、赵曙明（2005）认为组织公民行为是一种自主的有利于组织有效性的个人行为，其可以增强员工之间的协调与合作，节约公司资源，营造和谐的组织氛围等，有利于促进组织有效性、提升企业绩效[④]。罗秋明（2009）指

---

① 苏方国、赵曙明：《组织承诺、组织公民行为与离职倾向关系研究》，《科学学与科学技术管理》2005年第8期。

② Smith,C.,Organ,D.,Near,J., "Organizational Citizenship Behavior:Its Nature and Antecedents", *Journal of Applied Psychology*, Vol.39, 1983,pp.653-664.

③ Fields, *Taking the Measure of Work*, Thousand Oaks, CA: Sage Publications, Inc., 2002.

④ 苏方国、赵曙明：《组织承诺、组织公民行为与离职倾向关系研究》，《科学学与科学技术管理》2005年第8期。

出，组织公民行为是员工自发性产生的那些超越了组织的正式角色规范、没有得到组织中正式的报酬系统直接或明确的回报，但从总体上提升了组织运行效率的有益行为。[①]显然，国内外学者均指出了组织公民行为的本质，即组织公民行为作为一种员工表现出的自主行为，其并未直接和明确地受到组织正式报酬系统承认，只有对组织有强烈认同感的员工才会表现出组织公民行为，其可以增强员工之间的协调和合作、节约组织资源、营造和谐的组织氛围等，对于促进组织的有效性、提升组织绩效有着重要的意义。

（二）　组织公民行为的维度

表2—3　　　　　　　　　**国外学者对组织公民行为维度的概括和阐释**

助人行为	助人行为是指自发地帮助同事避免和解决工作中的问题，是组织公民行为最重要的一个维度，几乎所有的OCB模型都涉及这个维度，如奥根（1988a）[*]的利他主义、格雷厄姆（Graham, 1989）的人际帮助、奥根（1988）的事先知会[**]等。
运动员精神	在已有的文献中，"运动员精神"维度受到的关注最少。奥根（1990）将之定义为任劳任怨地忍耐工作中不可避免的麻烦[***]。帕得萨克（Podsakoff et al.,2000）对奥根的定义进行了补充，将其定义为不仅任劳任怨地忍耐工作中不可避免的麻烦，而且在遭受挫折时仍然保持积极的态度，为了团体的利益甘愿牺牲一些个人的兴趣和爱好，不轻易否决别人的意见等。
组织忠诚	组织忠诚是指对外树立组织良好形象，保护组织免受外来的威胁，如格雷厄姆（1989）的忠诚维护、冯·戴恩等（Van Dyne et al.,1994）的组织忠诚[****]、乔治等（George et al.,1992）的传播良好意愿和保护组织[*****]、博尔曼和莫特维多（Borman & Motowidlo, 1993、1997）的认可、支持和维护组织发展目标[******]等。
组织遵从	组织遵从是指接受和内化组织的规章制度和程序，即使在没有监督的情况下也会严格认真地遵守。工作实践中，员工很少能完全严格服从组织的各项规章制度，因此，一个谨慎地服从组织所有规章制度的员工可以称之为"好公民"，"组织遵从"维度已有较长的研究历史，如史密斯等（Smith et al.,1983）的一般性服从、博尔曼和莫特维多（1993、1997）的遵守组织制度程序。
个人主动性	个人主动性是指个体自愿并积极主动地从事与工作相关且超出组织要求的行为，并以极大的热情和努力持续工作，同时也积极激励组织中的其他人，如奥根（1988a）的责任意识、格雷厄姆（1989）和穆尔曼和布莱克利（Moorman & Blakely, 1995）的个人主动性[*******]、乔治等（1992）的建设性建议、博尔曼和莫特维多（1993、1997）的自愿承担工作等。

[①]　罗秋明：《论心理契约与组织公民行为的关系》，《湖南工业大学学报（社会科学版）》2009年第4期。

续表

公民道德	公民道德是指组织中的一个公民应有的道德行为,包括乐于参与组织的管理(参加会议、参加政策议论、参与组织战略规划的制订)、监控来自外部环境的威胁和机会(关注影响组织的各种变化并努力适应这种变化)、保护组织资源、为了组织利益而牺牲个人利益等,如奥根(1988a)的公民道德、冯·戴恩等(1994)的组织参与和乔治等(1992)的保护组织。
自我发展	自我发展是指员工利用业余时间,通过各种形式的学习和培训来开发自己的潜能,主动学习工作相关的知识和技能,自愿接受组织提供的培训机会,以期为组织的发展作出更大的贡献,这一维度是乔治等(1992)提出的。

* OrganD., *Organizational Citizenship Behavior:The Good Soldier Syndrome*, Lexington,MA: Lexington Books,1988.

** Organ D. W., "A restatement of the satisfaction—performance hypothesis", *Journal of management*, Vol. b14, 1988, pp.547−557.

*** Organ D .W., "The subtle significance of job satisfaction", *Clinical Laboratory Management Review*, Vol .4 ,1990 , pp.94−98.

**** Van Dyne L., Graham J. W., Dienesch R M, "Organizational citizenship behavior: Construct redefinition, measurement and validation", *Academy of management Journal*, Vol.37,1994 , pp.765−802.

***** George J M., Brief A P, "Feeling good−doing good: A conceptual analysis of the mood at working organizational spontaneity relationship ", Psychological Bulletin ,Vol. 112 , 1992,pp.310—329.

****** Borman W. C., MotowidloS. J., "Task Performance and contextual Performance: The meaning for personnel selection research", *Human Performance,*Vol.10, 1997, pp.99−109.

******* Moorman R. H. , Blakely G. L., "Individualism—collectivism as an individual difference predictor of organizational citizenship behavior", *Journal of organizational behavior,*Vol.16,1995 ,pp.127−142 .

组织公民行为有着丰富的内涵,可以说是一个系统。史密斯等(1983)首先把组织公民行为分为两个基本维度,即利他主义和总体服从[①]。奥根(1988)组织公民行为分为五个基本维度:(1)利他主义(Altruism),自发地帮助同事完成与组织相关的任务或解决相关问题的行为;(2)运动员精神(Sportsmanship),指员工在非理想化的环境中毫无抱怨,而且仍然坚持积极的态度,为了组织的利益而坚守岗位的自愿行为,如员工愿意承担加班等额外责任的行为;(3)责任意识(Conscientiousness),指严肃认真、尽心尽责地对待工作的行为,如主动提醒或指责对组织有害的行为,或者提出改进工作的建议的行为;(4)文明礼貌(Courtesy),指对别人表示尊重的礼貌举动,如主动避免在工作上与他人发生争端;(5)公民道德(Civic Virtue),指员工作为组织中的一个"公民"应有的道德行为,包括对组织的工作感兴趣、节约组织资源、保护组织财产、愿意参加组织的各项

---

① Smith,C.,Organ,D.,Near,J., " Organizational Citizenship Behavior:Its Nature and Antecedents", *Journal of Applied Psychology,* Vol.39, 1983,pp.653−664.

活动、参与组织战略计划的制订、监控来自环境的威胁和机会等①。格雷厄姆（1989）提出了组织公民行为的四维度模型，这四个维度分别是：（1）人际帮助（International helping），指当同事遇到困难时能够提供帮助；（2）个人主动性（Individual initiative），指为了提高个人和组织团队绩效，主动和同事进行工作上的交流；（3）个人勤奋性（Personal industry），指努力程度超出了工作要求；（4）忠诚拥护（Loyal boosterism），指对外维护组织形象。帕得萨克（Podsakoff）等（1997）将组织公民行为分为帮助行为（Helping behavior）、公民道德和运动员精神。科尔曼和博尔曼（Coleman & Borman，2000）通过聚类分析，将组织公民行为分为三个维度，即人际公民绩效、组织公民绩效和工作/任务的责任意识。不难看出，以上组织公民行为的维度划分存在大量重叠的现象，帕得萨克（2000）对已有的理论进行了归纳和总结，概括出组织公民行为的七个维度，即助人行为、运动员精神、组织忠诚（Organizational loyalty）、组织遵从（Organizational compliance）、个人主动性、公民道德、自我发展（Self-development）②。

国外学者对组织公民行为维度的划分是立足于国外特有的企业环境和文化背景，对国外员工进行研究得出的结论，其对于国内企业及员工的普适性有待于进一步检验。国内学者的组织公民行为研究成果丰富和补充了组织公民行为的理论。朱瑜、凌文铨（2003）对国内外组织公民行为的研究文献进行了归纳和总结，剔除了重叠的维度，概括出组织公民行为的七个维度，即助人行为、运动员精神、组织忠诚、组织遵从、个人首创性、公民道德以及自我发展③。显然，朱瑜等（2003）借鉴了帕得萨克（1997）的结论，唯一不同的是将个人首创性替换了个人主动性。由此可见，助人行为、运动员精神、组织忠诚、组织遵从、个人主动性（首创性）、公民道德、自我发展等七个维度是国内外学者所广泛采纳的。香港学者樊景立在中国文化背景下，以北京、上海及深圳的158名员工为研究对象，发现中国人的组织公民行为可划分为十个维度：对组织的认同、对同事的利他

---

① Organ D., *Organizational Citizenship Behavior:The Good Soldier Syndrome*, Lexington,MA: Lexington Books，1988.

② Podsakoff P. M., MacKenzie S. B., Paine J.B., Bachrach D. G., "Organizational Citizenship Behaviors: A Critical Re-view of the Theoretical and Empirical Literature and Suggestions for Future Research"，*Journal of Management*,Vol.26,2000,pp.512-563.

③ 朱瑜、凌文铨：《组织公民行为理论研究的进展》，《心理科学》2003年第1期。

行为、责任意识、人际和谐、维护组织资源、自我教育、通过自学增加自身知识和技能、参加社会公益活动、保持环境卫生和表达意见。其中对组织的认同、对同事的利他行为和责任意识三个维度与奥根五维度中的利他主义、责任意识和公民道德三个维度相似，说明这三个维度在中国具有普适性。樊景立并没有在中国人的组织公民行为中发现奥根描述的另两个维度——文明礼貌和运动员精神，却发现了两个有着中国文化渊源的人际和谐维度和维护组织资源维度，体现了组织公民行为的文化独特性[①]。

至今，研究者对组织公民行为的维度构成仍未达成共识，但研究者普遍认为组织公民行为具有多维结构（见图2—1）。通过分析不难看出，研究者对组织公民行为结构的认识是一个随着组织公民行为研究的不断深入而不断完善的过程。

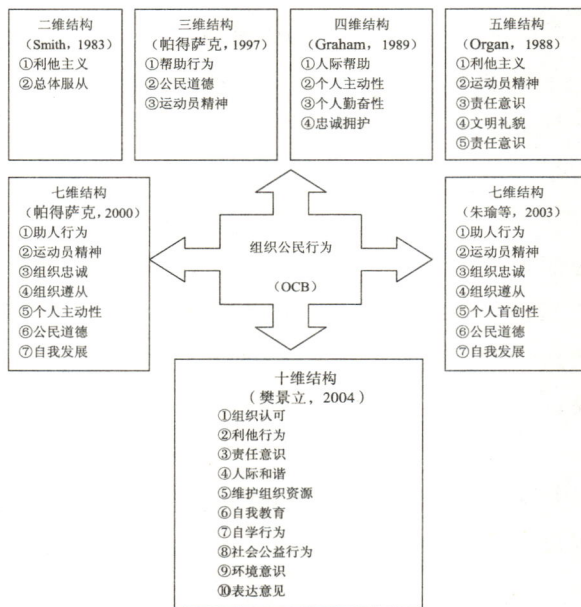

图2—1 组织公民行为的维度

（三） 组织公民行为的前因变量

国外学者提出的影响组织公民行为的因素可以归纳为五类，即个人特点、任务特点、组织特征、领导行为、心理所有权。个人特点是最能预测

---

① 罗明亮：《组织公民行为研究——理论与实证》，经济管理出版社2007年版。

组织公民行为的因素，其包含工作满意感、组织承诺、组织公平感、组织支持感等 ①。

1. 个人特点

奥根和瑞因（1995）分析发现工作满意感、组织承诺、组织公平感、组织支持感是研究最频繁的四个变量，它们均与组织公民行为存在显著相关关系②。（1）工作满意感。工作满意感是由一个人的工作评价或工作经验所产生的愉快或积极的情绪状态。奥根和贝特曼（1983）研究发现，工作满意感与组织公民行为相关，工作满意感影响组织公民行为的利他行为，员工工作满意感越高，就越容易表现出积极的工作状态，从而驱动利他行为的产生③。（2）组织承诺。组织承诺是员工对所在组织在思想上、感情上和心理上的认同和投入，愿意承担作为组织一员所涉及的各种责任和义务④。目前，国内关于组织承诺的研究主要基于艾伦（Allen）和迈耶（Meyer）的三维度模型⑤。艾伦和迈耶（1990）概括出了组织承诺的三个维度，即情感承诺（Affective Commitment）、持续承诺（Continuance Commitment）、规范承诺（Normative Commitment），其中情感承诺指的是员工对组织目标和价值观的心理认同、信仰和支持的程度，具体表现为员工对组织形象和声誉主动维护，向其他人宣传组织，愿意为组织的发展付出努力，因自己是组织的成员而骄傲和自豪，对组织非常信任和忠诚。员工对组织承诺是因为他们愿意这么做（want to do）。持续承诺是指员工为了不失去已有位置和多年投入所换来的福利待遇而不得不继续留在该组织的一种承诺。员工对组织承诺是因为他们不得不这样做（need to do）。规范承诺是一种基于

① Podsakoff P. M., MacKenzie S. B., Paine J.B., Bachrach D.G., "Organizational Citizenship Behaviors: A Critical Re-view of the Theoretical and Empirical Literature and Suggestions for Future Research", *Journal of Management*, Vol.26, 2000, pp.512-563.

② Organ D. W., Ryan K., "A meta-analytic Review of attitudinal and Dispositional Predictors of Organizational Citizenship Behavior ", *Personnel Psychology*, Vol.48, 1995, pp.775-802.

③ Bateman T.S., Organ D.W., "Job satisfaction and the good soldier: The Relationship between affect and employee 'citizenship'", *Academic of Management Journal*, Vol.26, 1983, pp.587-595.

④ 刘一平：《组织承诺影响因素比较研究》，《管理科学》2003年第4期。

⑤ Allen, N.J., Meyer, J.P., "The Measurement and Antecedents of Affective, Continuance, and Normative Commitment to the Organization", *Journal of Occupational Psychology*, Vol.63, 1990, pp.1-18.

社会责任和职场规范而继续为组织工作的承诺。员工对组织承诺是因为他们感到应该这么做（ought to do）。因为组织承诺是员工为了组织牺牲个人利益的工作态度，所以学者们将其假设为组织公民行为的一个前因变量。奥雷利和查特曼（O'Relly & Chatman，1986）、贝克尔（Becker，1992）、莫里森（Morrison，1994）、卡森和克森（Carson & Caeson，1998）的研究都支持了这一假设，发现组织承诺与组织公民行为之间存在显著的相关关系。肖尔和韦恩（Shore & Wayne，1993）研究发现，情感承诺、组织支持与组织公民行为正相关；持续承诺与组织公民行为负相关；组织支持比情感承诺、持续承诺更能解释组织公民行为的变异[①]。（3）组织公平感。组织公平感旨在探讨员工对组织资源分配与各种奖励措施是否公平的主观感知，一般分为分配公平（Distributive Justice）和程序公平（Procedural Justice）。分配公平是对结果或资源配置的主观感受，主要研究员工对分配结果的认知，而程序公平则是对资源分配过程的主观感受，主要研究员工对制定分配政策的过程的认知[②]。尼霍夫和穆尔曼（Niehoff & Moorman，1993）发现组织公平的程序公平对于组织公民行为有显著的正向影响。[③]肖勒和库珀（Scholl & Cooper，1987）分析了员工对薪资公平性的认知与组织公民行为之间的关系，发现两者之间存在显著相关关系，r=0.410，P<0.01[④]。奥根（1988）认为组织公平感之所以影响组织公民行为，主要是因为员工与组织之间存在社会交换关系。若工与组织之间只有经济交换的关系，那么公平感高的员工只会按照雇佣协议的要求，以角色内行为作为对组织的回报；若员工与组织之间存在社会交换关系，那么员工对公平的回报往往会通过超越组织具体协议要求的行为方式。奥根（1988）认为，组织

① Shore L. M., Wayne S. J., "Commitment and employee behavior: Comparison of affective commitment and continuance commitment with perceived organizational support", *Journal of Applied Psychology*, Vol.78,No.5 ,1993,pp.774-780.

② 韩翼：《组织承诺维度及其对角色和角色外绩效的影响》，《中国管理科学》2007年第15期。

③ Niehoff B.P, Moorman R.M., "Justice as a mediator of the relationship between methods of monitoring and Organizational citizenship behavior", *Academy of Management Journal*, Vol.36,No.3,1993, pp.327-336.

④ Scholl R.W. , Cooper R.A. , MckennaJF. , "Referent selection in determining equity perceptions: differential effects on behavioral and attitudinal outcomes", *Personnel Psychology*, Vol.40,1987, pp .113-124.

公民行为的增加和减少都是为了降低不公平感，即如果组织给自己的回报大于自己的付出，那么员工会做一些工作职责之外的对组织有益的事情进行补偿；反之，如果组织给自己的回报少于应该得到的，那么员工就会减少自己的角色外行为以保持公平感。①穆尔曼（1991）验证了组织公平感对组织公民行为的预测作用，发现程序公平与组织公民行为之间存在显著的相关关系，而分配公平与组织公民行为的所有维度都不存在显著的相关关系。穆尔曼对这种结果进行了解释，即分配公平能够预测的是人们对比较具体的某一个决策结果的态度，而不是对整个组织的泛化的评价，但是组织公民行为的产生更依赖于员工对组织的系统、机构、权威层的普遍的积极评价，所以，程序公平更能够解释员工的组织公民行为。②樊景立、厄尔利和林（Farh、Early & Lin，1997）认为程序公平和分配公平与组织公民行为都有正向相关的关系。其中，分配公平与组织公民行为的相关性最强，程序公平的相关性相对较弱。③（4）组织支持感。组织支持理论认为，为了满足社会情感需要和评价组织对员工努力工作而增加奖赏的意愿，员工形成了关于组织重视他们贡献和幸福感的全面信念。基于互惠原则，组织支持有助于员工产生关心组织和回报组织的义务感，员工通过展现更多的组织公民行为以报答组织。因此，在工作中会产生更强的组织认同感，对待工作任务会更积极，更容易产生帮助组织他人等有利于组织的角色外行为，以偿还组织支持给员工带来的负债感。基于这个观点，学者们将组织支持感视为组织公民行为的一个前因变量，并研究组织支持感与组织公民行为二者的关系。④

2. 任务特点

任务特点与组织公民行为关系研究是组织公民行为研究领域的一项新

---

① 郭晓薇：《企业员工组织公民行为影响因素的研究》，博士学位论文，华东师范大学，2004年。

② Moorman R. H.，"Relationship between organizational justice and organizational citizenship behaviors: Do fairness perceptions influence employee citizenship?"，*Journal of Applied Psychology*，Vol.76，1991，pp.845−855.

③ Farh J.，Earley P .C.，Lin S.，"Impetus for action: A cultural analysis of justice and organizational citizenship behavior in Chinese society"，*Administrative Science Quarterly*，Vol.42，1997，pp.421−444.

④ 罗秋明：《论心理契约与组织公民行为的关系》，《湖南工业大学学报（社会科学版）》2009年第4期。

课题，这方面的研究相对较少。麦肯齐和帕得萨（MacKenzie & Podsaoff，2000）研究发现，任务特点与组织公民行为之间存在相关关系，任务变量包括三种形式——任务反馈、任务常规性、任务内在满足性，其均与利他主义、文明礼貌、责任意识、运动员精神、公民道德存在相关关系，其中任务反馈、任务内在满足性与组织公民行为呈正相关关系，而任务常规性与组织公民行为呈负相关关系。[①]赵苏芬（Chiu su-fen et al.，2005）的研究进一步验证了任务特点与组织公民行为之间的关系，其结论与帕得萨和麦肯齐的结论相似，即任务反馈、任务内在满足性与组织公民行为之间存在显著正相关关系，而任务常规性与组织公民行为之间存在显著负相关关系。

3. 组织特征

组织特征变量是指不同的组织具有不同的价值或条件特征，包括组织正规化、组织僵化性、群体凝聚性、顾客——员工支持度、领导控制外的奖励、上下级之间的空间距离等六个变量。帕得萨克（2000）研究发现，组织正规化、组织僵化性、顾客——员工支持度、上下级之间的空间距离等变量与组织公民行为之间均不存在相关关系，但是群体凝聚性与利他主义、事先知会、责任意识、运动员精神和公民道德之间呈显著正相关关系，而领导控制外的奖励与利他主义、事先知会以及责任意识之间呈显著负相关关系。

4. 领导行为

领导行为与组织公民行为的关系源于领导理论的新观点，即交易型领导行为和变革型领导行为。帕得萨克（2000）对领导行为的研究进行了归纳和总结，概括出了四类有代表意义的领导行为。（1）交易型领导行为。交易型领导行为是根据下属的付出和表现给予回报，并以此作为交换的基础，包括权变奖励、权变惩罚、非权变奖励以及非权变惩罚。这种风格的领导对下级的需要很敏感，并运用适当的手段对下级进行指示，下级只需按照其指示去实现指定的绩效目标，便能获取所需报酬。巴斯（Bass）指出，交易型领导行为由认知奖励和例外管理两个因素构成，积极的交易型

---

① Mackenzie S.B., Podsaoff P.M., "Organizational citizenship behavior: A critical review of the theoretical and empirical literature and suggestions for future research", *Journal of Management*, Vol.3, 2000.

领导对下属更多使用的是认知奖励，而消极的交易型领导在目标可以达成的情况下，更多采取的是避免纠正行为。（2）变革型领导行为。变革型领导理论是20世纪80年代提出来的，伯恩斯（Burns，1978）指出领导是一个连续体，连续体的一端是变革型领导，而另一端是交易型领导，并认为变革型领导由领导魅力、智力激发和个人关怀三个因素构成。帕得萨克对变革型领导的维度进行了补充，将变革型领导划分为"核心"变革行为、明确表达愿景、提供合适模型、鼓励组织目标的接受、高绩效期望和智力开发。（3）符合路径——目标理论的行为。这种领导行为的基本观点是领导者的主要目标是帮助其下属有效地得到下属的目标，并为他们达到个人目标和组织目标提供必要的指导和支持[①]，这种领导行为可细分为指挥型领导、支持型领导、参与型领导、成就取向型领导。（4）与领导——员工交换理论相一致的行为，即领导者有选择地对每一位员工进行授权、传递信息、参与协商、指导、表扬或奖励，以期在领导者与其追随者之间形成一种独特的互惠关系。帕得萨克（2000）分析发现，变革型领导行为与组织公民行为各维度之间存在显著的正相关关系；交易型领导行为的权变奖励和组织公民行为之间存在显著正相关关系，非权变惩罚与组织公民行为之间存在显著负相关关系。路径——目标领导理论的支持型领导行为与组织公民行为的各个维度均呈显著正相关关系。

5. 心理所有权

心理所有权最早是由皮尔斯（Pierce）及其同事在对雇员所有权（employee ownership）的研究中提出的。心理所有权是一种心理状态，即个体感觉到目标物（物质的或非物质的）或目标物的一部分是属于自己的。20世纪70年代以来，欧美企业倾向给予员工各种形式的所有权来提高员工参与经营管理的积极性和增强自我管理的意识，从而提高满意度、降低缺勤率及离职率。罗蒂斯和斯蒂尔斯（Rhodes & Steers）的研究论证了上述观点，然而哈默和斯蒂姆（Hammer & Stem，1980）与伊万西奇和罗森（Ivancic & Rosen，1986）的研究结果表明，给予员工所有权并不必然导致员工参与积极性的提高和自我管理意识的增强。皮尔斯等（1991）基于这些相互对立的研究成果，提出了"心理所有权"的概念，并指出员工心

---

① Silverthorne C., "A test of the path—goal leadership theory in Taiwan", *Leadership & Organization Development Journal*, Vol. 22,No.4,2001,pp.151-158.

理所有权能对员工的态度和行为产生影响，且组织公民行为是心理所有权的结果变量之一。皮尔斯等（1991）认为所有权的维度是双重的，一个维度是员工正式拥有的所有权，包括资产权、控制权和知情权；另一个维度是员工内心感受到的所有权，即心理所有权，并提出正式所有权并不直接或者独立地对拥有该所有权的员工产生态度、动机和行为上的影响，而是由正式所有权形成心理所有权，再间接地通过心理所有权对员工的工作态度、动机、行为及工作绩效产生作用。这种观点从理论上解释了为什么有些企业给予员工所有权而员工的态度、行为和绩效却没有发生积极变化，因为给予员工所有权，员工只是形式上拥有，在心理上并没有真正拥有的感觉，因而不能引起其态度和行为的变化。[1]皮尔斯（1991）研究发现，心理所有权与员工行为的转变是高度相关的。戴维斯、冯·戴恩和（Don Vandewalle、Van Dyne & Kostova，1995）对非营利组织的研究发现，心理所有权对员工的角色外行为（extra-role behavior）有促进作用，二者之间呈正相关关系强于工作满意度与角色外行为的正相关关系，且相比于角色内行为，心理所有权更易引起员工的角色外行为。[2]皮尔斯等（2001）认为心理所有权会对员工产生多方面的影响和作用，最重要的是产生责任意识。员工拥有心理所有权会催生出责任意识，这些责任包括为组织投入超出一定时间和精力的努力、保护和爱护组织、愿意为组织承担一定风险、乐于为组织作出牺牲。[3]冯·戴恩和皮尔斯（Van Dyne & Pierce，2004）的研究证明，心理所有权比员工满意度、组织承诺能更好地预测组织公民行为。[4]由此可见，心理所有权作为员工的主观感受，其可在一定程度上解释员工的组织公民行为。

组织公民行为的前因变量研究多是在欧美组织中展开的，国内尚处于

① Pierce J.L., Rubenfeld S .A., Morgan S., "Employee ownership: A conceptual model of process and effects", *Academy of Management Review*,Vol. 16,No.1, 1991,pp.121-144.

② Don Vandewalle, Van Dyne, Kostova, "Psychological Ownership: An empirical examination of its consequences ", *Group & Organization studies* ,Vol. 20,No.2 ,1986-1998 ,pp.210-226.

③ Pierce J. L., Tatiana K., Kurt T .D., "Toward a theory of psychological ownership in organizations", *The Academy of Management Review*,Vol. 26,No.1,2001,pp.298-310.

④ Van Dyne , Pierce J. L., "Psychological ownership and feelings of possession: Three field studies predicting employee attitude and Organizational citizenship behavior", *Journal of Organization Behavior* ,Vol.25,2004,pp.439-460.

引入阶段。国内学者对组织公民行为前因变量的研究沿用了国外学者的思路，即从个性特点、任务特点、组织特征、领导行为、心理所有权等方面来探讨组织公民行为的前因变量。台湾学者陈明政（1996）以金融业员工为对象，研究了组织公平和组织公民行为的关系，发现组织公平与组织公民行为显著正相关，并且组织公平的不同维度对组织公民行为的影响不同。[①]张爽、乔坤（2006）研究了领导行为与组织公民行为的关系，发现变革型领导行为与员工组织公民行为之间不存在相关关系，而交易型领导行为与员工组织公民行为则存在显著的相关关系。[②]李超平、孟惠等（2006）将变革型领导行为分为愿景激励、德行垂范、领导魅力、个性化关怀四个维度，将组织公民行为分为利他行为、责任意识、公民道德、运动员精神、文明礼貌五个维度，研究了变革型领导与组织公民行为之间的关系。研究结果显示，变革型领导的四个维度与组织公民行为的五个维度之间的相关性较高，相关系数为0.23—0.34，说明变革型领导对组织公民行为有显著的预测作用。韩翼（2007）认为，组织公民行为作为一种有利于组织的角色外行为和姿态，既与正式奖励制度无任何关系，又非角色内所要求的行为，但能从整体上有效地提高组织效能，因此代表角色外绩效，并验证了情感承诺与角色外绩效正相关，r=0.319，P < 0.05；持续承诺与角色外绩效负相关，r=0.220，P < 0.01；规范承诺与角色外绩效之间不存在相关关系，P > 0.05。[③]吕福新、顾珊珊（2007）针对以往心理所有权与组织公民行为关系研究的不足，拓展了心理所有权与组织公民行为的相关性研究，基于中国本土企业提出了五个研究假设：（1）员工心理所有权与组织公民行为呈正相关关系；（2）员工心理所有权与群体层面的组织公民行为呈正相关关系；（3）员工心理所有权与个体层面的组织公民行为呈正相关关系；（4）员工心理所有权与组织层面的组织公民行为呈正相关关系；（5）员工心理所有权与社会层面的组织公民行为呈正相关关系，并通过问卷调查的方法从实证的角度验证了假设的正确性。结果表明，心理所有权与组织

---

① 陈明政：《组织公平与组织公民行为关系之研究——以金融业为例》，博士学位论文，淡江大学管理科学研究所，1996年。

② 张爽、乔坤：《交易型与改造型领导行为对员工组织公民行为的影响》，《大连理工大学学报（社会科学版）》2006年第3期。

③ 韩翼：《组织承诺维度及其对角色和角色外绩效的影响》，《中国管理科学》2007年第15期。

公民行为在总体和各个层面上均呈现显著的正相关关系，且与组织公民行为各层面的相关性相比，心理所有权与组织公民行为总体的相关性稍高些，在组织公民行为的五个层面中，心理所有权与组织层面的组织公民行为的相关性最高。樊景立等从不同的文化特征和个体特征出发研究了中国情境下的公平感与组织公民行为之间的关系，结果发现分配公平、程序公平与组织公民行为有相当高的相关关系，而且男性高于女性。[①]吴志明、武欣（2007）探讨了高科技组织中变革型领导行为对员工组织公民行为的作用机制，发现变革型领导行为通过心理授权作为中介变量对下属员工的组织公民行为具有显著的影响作用。[②]袁凌、陈俊（2008）研究了组织支持感与组织公民行为及认同组织、利他主义、个人主动性三个维度的关系，结果显示组织支持感对认同组织、利他主义、个人主动性都有很强的预测力，$r=0.409$，$P < 0.01$；$r=0.163$，$P < 0.01$；$r=0252$，$P < 0.01$，表明组织支持感对组织公民行为有显著的正向影响作用。[③]解志韬、田新民等（2010）研究了变革型领导对员工组织公民行为的影响的作用机制，结果显示变革型领导与员工组织公民行为正相关，$r=0.163$，$P < 0.05$；分配公平对员工组织公民行为有积极影响，$r=0.209$，$P < 0.05$；程序公平对员工组织公民行为有积极影响，$r=0.138$，$P < 0.05$。另外，分配公平和程序公平在二者间起中介作用，人际公平和信息公平在二者间不起中介作用。[④]严丹、张立军（2010）选取珠三角地区的70多家企业的642名员工为样本，研究了组织公平、员工组织承诺、员工组织公民行为三者的关系，发现组织公平与员工组织公民行为显著正相关，$r=0.535$，$P < 0.01$；组织承诺与组织公民行为显著正相关，$r=0.423$，$P < 0.05$；组织承诺可以对组织公平和组织公民行为的关系起中介作用。[⑤]

---

① 朱蕾：《基于心理契约的组织公民行为研究》，博士学位论文，山东大学，2007年。

② 吴志明、武欣：《变革型领导、组织公民行为与心理授权关系研究》，《管理科学学报》2007年第5期。

③ 袁凌、陈俊：《感知义务对组织支持与组织公民行为的中介作用检验》，《统计与决策》2008年第6期。

④ 解志韬、田新民、祝金龙：《变革型领导对员工组织公民行为的影响：检测一个多重中介模型》，《科学学与科学技术管理》2010年第3期。

⑤ 严丹、张立军：《组织公平对组织承诺及组织公民行为影响》，《工业工程与管理》2010年第3期。

通过对已有员工组织公民行为含义、维度、前因变量的研究结论的梳理，本书发现：（1）员工组织公民行为是员工自发表现出的有利于组织的角色外行为，其不被组织正式的薪酬系统所承认和认可；（2）员工组织公民行为的结构是多维的，国内外研究者尚未就员工组织公民行为的结构达成一致；（3）员工组织公民行为的影响因素是多重的，国内外学者多从个人特点、任务特点、组织特征、领导行为、心理所有权等方面来探讨员工组织公民行为的前因变量。

三　研究评述

本章通过归纳、梳理国内外已有的精神激励和组织公民行为的研究成果，界定精神激励、精神激励感知和组织公民行为的含义，并归纳精神激励的方式、组织公民行为的维度以及组织公民行为的前因变量，重点研究了两方面的内容：

1. 界定精神激励及精神激励感知的含义

（1）精神激励是企业为最大限度地满足员工的精神需要和主体地位，通过设定可行的目标并借助一定的载体来激发、启迪、影响员工的思想、观念、意志、情绪，达到审视、校正、转变、重建思想观念和认识的目的，以提升员工的精神境界，从而使企业和员工都得到和谐、持续发展的过程。

（2）精神激励包括培训激励、参与激励、目标激励、晋升激励、荣誉激励、成长与发展激励、沟通激励、关系激励、授权激励、文化激励等多种方式。

（3）精神激励感知就是员工心理上对组织内培训激励、参与激励、目标激励、晋升激励、荣誉激励、成长与发展激励、沟通激励、关系激励、授权激励、文化激励等精神激励方式满足自我需求的主观感受。

2. 界定组织公民行为的含义，归纳组织公民行为的维度和前因变量

（1）组织公民行为作为员工的自主行为，其并未直接和明确地受到组织正式报酬系统承认，可以增强员工之间的协调和合作、节约组织资源、营造和谐的组织氛围等，对于促进组织的有效性、提升组织绩效有着重要

的意义。

（2）组织公民行为有着丰富的内涵，助人行为、运动员精神、组织忠诚、组织遵从、个人主动性、公民道德等均属于组织公民行为研究的范畴。

（3）个人特点、任务特点、组织特征、领导行为、心理所有权均会不同程度地影响员工的组织公民行为。

然而，结合本书的研究样本，不难发现尚有三个问题有待于进一步解决。

1. 精神激励方式的有效性问题

不同的精神激励方式对员工的激励效力是不同的，而已有研究并未区分不同的精神激励方式对员工的有效性。因此，精神激励的不同方式对石油企业员工的有效性有待于进一步研究。

2. 研究工具的有效性问题

本书采用问卷调查的方法收集研究数据，数据的科学性、全面性直接影响研究结论，而量表作为问卷调查的载体，直接决定数据的科学性、全面性。因此，国内外成熟的员工精神激励感知量表和组织公民行为量表对于石油企业员工这一特殊群体的有效性有待于进一步研究。

3. 员工精神激励感知对组织公民行为的作用机理

石油企业员工精神激励感知与组织公民行为的关系是本书的研究重点。员工组织公民行为具有多重维度，而精神激励感知作为员工的主观感受决定了员工对不同的精神激励方式的感知存在差异，即员工精神激励感知并非一个单维概念。因此，员工对不同的精神激励方式的感知会导致哪些组织公民行为有待于进一步研究。

第三章 员工精神激励感知研究

精神激励是以满足人的精神需要为着眼点的一种内在激励方法。人们对于精神激励的关注最早始于1929年美国哈佛大学心理学教授梅奥进行的著名的"霍桑工厂实验"，此后经过不断的修正和完善，最终形成了比较有代表性的内容型激励理论、过程型激励理论以及综合激励模式精神激励理论。激励理论的不断完善为精神激励实践提供了强有力的理论依据，也使精神激励得到长足发展，形成了荣誉激励、参与激励、关怀激励、文化激励、认同激励、晋升激励、培训激励、成长激励、目标激励、情感激励、信任激励、尊重激励等诸多激励方式，成为现代企业激励体系的重要组成部分。

一 员工精神激励感知研究的理论依据

（一）内容型激励理论

内容型激励理论（Content theories），又称为需要理论，这一理论围绕人们的各种需要进行研究，着重研究激发人们行为动机的各种因素。内容型激励理论主要包括：马斯洛的需要层次理论、奥尔德佛的ERG理论、麦克莱兰的成就需要理论、赫茨伯格的双因素理论。

1. 马斯洛的需要层次理论

马斯洛的需要层次理论（Maslow's hierarchy of needs）是由美国心理学家A.马斯洛（A.Maslow）于1943年在其所著的《人的动机理论》中提出的。马斯洛把人的需要由低到高划分为五个层次，即生理需要、安全需要、社交需要、尊重需要、自我实现需要。在这五个层次的需要中，马斯洛把生理需要、安全需要称为人的低层次的需要，而把社交需要、尊重需要和自我实现需要称为较高层次的需要。高层次需要是从内部使人感到满足，而低层次的需要主要是从外部使人得到满足。①马斯洛的需要层次理论建立在理论假设的基础上，其认为：（1）人的行为受到人的需要欲望的影响和驱动，但只有尚未满足的需要才能够影响人的行为，已满足的需要不能起激励作用。（2）人的各种需要由于重要程度和发展顺序的不同，可以形成一定的层次性。人的五种需要按照由低向高的顺序，可以排列为金字塔的层次结构，只有当较低层次的需要得到满足后，才会产生更高层次的需要。（3）人的行为是由主导需要决定的。对于具体的人来说，并不是在任何条件下都同时具有这五种需要且保持它们间的同等的需要强度，对人的行为方向起决定作用的是这一时期的主导需要。②马斯洛的需要层次理论对于激励理论有着突出的贡献，它指明了人的需要的基本类型；划分了人的需要的两大类层次，指出了只有在低层次需要得到满足之后，高层次的需要才可能被人关注；需要层次理论还促使人们开始关注个人发展和自我实现的重要性。但是马斯洛的需要层次理论缺乏实证的支持，也没有注意到人类需要层次的高低也具有相对性。

2. 奥尔德佛的ERG理论

奥尔德佛的ERG理论（Alderfer's ERG theory）是C.奥尔德佛（C.Alderfer）于1969年提出的。奥尔德佛对马斯洛需要层次理论进行了改造，提出人的核心需要可分为生存需要（Existence）、关系需要（Relatedness）和成长需要（Growth），因此该理论简称为ERG理论。③奥尔德佛的ERG理论可以概括为三个观点：（1）各个层次的需要得到的满足越少，则满足这种需要的渴望就越强烈。如常受歧视的人，得到他人尊重的需要最强烈，因而对他人的态度较敏感。（2）较低层次的需要越是能够得到较多的满足，则该需要的重要性便会越衰减，对较高层次的需要就越渴望。例如，人们生存需要的满足程度越高，渴望满足关系需要和成长需要的强度就越大。（3）当较高层次的需要一再遭到挫折，得不到满足时，人们就会退而求其次，追求

① 《马斯洛论管理》，机械工业出版社2007年版。

② 陈传明、周小虎：《管理学原理》，机械工业出版社2007年版。

③ 斯蒂芬·P. 罗宾斯：《管理学原理》，中国人民大学出版社2004年版。

较低层次需要的进一步满足。与传统的需要层次理论比较，ERG理论更能准确地描述人的需要和激励之间的相互关系，其不强调需要的层次顺序，认为不同层次需要的要求可以并存。ERG理论与马斯洛需要层次理论的本质差异并不是用三个需要代替五个需要，而是ERG理论证实不同类型的需要可以同时起作用。马斯洛认为自我实现的需要只有在其他需要都满足之后才显出重要性，奥尔德佛却坚持认为个体的生存需要和发展需要可以同时被激励并得到满足。除此之外，ERG理论还包括挫折——倒退维度。马斯洛认为一个人会滞留在某一特定的需要层次上直到这一层次的需要得到满足，而ERG理论却认为若高层次需要得不到满足，那么满足低层次需要的愿望会更加强烈，即使低层次需要已经得到满足。ERG理论比马斯洛需要层次理论有更多的科学支持，其与中国学者关于人类需要具有多样性、层次性、潜在性和可变性特征的观点更为接近。

3. 麦克莱兰的成就需要理论

麦克莱兰的成就需要理论（McClelland's Achievement Theory）是由美国心理学家麦克莱兰（McClelland）提出的，他认为人的高层次需要可归纳为权力需要、归属需要、成就需要。这三种需要不仅可以并存，而且可以同时发挥激励作用。不同人身上会有不同的强度组合，形成每个人独特的需要结构，影响人的追求与行为。麦克莱兰对成就需要作了系统的研究，认为具有高度成就需要的人，不仅可以自我激励，而且对组织的发展有重要作用。高成就的需要不是与生俱来的，而是在实践中培养的，组织应为培养具有高成就需要的人创造发展机会。[①]麦克莱兰理论的重要性在于，它表明了员工与工作匹配的重要性。与具有高度成就需要的员工不同，高归属需要的员工则喜欢安定、保险系数高和可预见的工作场所，体贴细心的管理更适合他们。麦克莱兰的研究表明，员工的三种基本的激励需要是可以通过培训来培育和激发的，即管理者可以通过创造适当的工作环境来提高员工的成就需要，管理者可以赋予员工一定程度的自主性和责任感，逐步使其工作更具挑战性。

4. 赫茨伯格的双因素理论

美国著名学者F.赫茨伯格（F.Herzberg）在1959年出版的《工作的激励

---

① 斯蒂芬·P.罗宾斯：《组织行为学》，中国人民大学出版社1997年版。

因素》一书中提出了"激励因素/保健因素理论"，简称双因素理论。[①]赫茨伯格经过细致的调研发现，使员工感到满意的都是涉及有关工作本身或工作内容方面的因素，而使他们不满的则都是属于有关工作环境或工作关系方面的东西。前者称为激励因素，后者称为保健因素。保健因素不能直接起到激励的作用，仅能预防员工的不满。当保健因素低于员工可以接受的限度时，就会产生员工对工作的不满；当保健因素改善时，员工的不满就会消除，但不会导致积极的后果，最多只是处于一种既非满意又非不满意的中性状态。只有激励因素才能产生使员工满意的积极效果。保健因素和激励因素不是一成不变的，而是可以转化的。有效的管理者，既要注意保健因素，以消除员工的不满，又要善于把保健因素转变为激励因素。双因素理论实际上是将对员工的激励分为外在激励和内在激励。内在激励是从工作本身得到的某种满足，如对工作的爱好、兴趣、责任感、成就感等。这种满足能促使员工努力工作，积极进取。[②]外在激励是指外部的奖酬或在工作以外获得的间接满足，如劳保、工作等。外在满足有一定的局限性，它只能产生少量的激励作用。因为人除了物质需要以外，还有精神需要，而外在激励或保健因素只能满足人们的生理需要，而不能满足人的精神需要、不能有效地激发人的积极性。[③]因此，双因素理论的重要意义在于告诉管理者：尽管在员工需求与其责任目标相统一的条件下员工才会有积极主动性，但有些需求形式是难以完全满足或只能给予其基本满足的，而有些需求形式尽管不是员工内心里主动追求的，却能最大限度地激发其积极主动性。[④]但是赫茨伯格双因素理论研究方法的适用性与可靠性令人怀疑，满意度的评价标准也缺乏普遍适用性，它还忽略了情境变量等。

（二） 过程型激励理论

过程型激励理论（Process theories）着重研究人产生动机到采取行动的

① 于秀芝：《人力资源管理》，经济管理出版社2003年版。

② Lyman Porter, Gregory Bigley, *Motivation and Work Behavior*, New York: McGraw-Hill, 2006.

③ 加里·德斯勒：《人力资源管理》，刘昕、吴雯芳译，中国人民大学出版社2004年版。

④ 肖云、胡加毅：《双因素理论下提高员工满意度的策略》，《人才资源开发》2009年第3期，第96-97页。

心理过程，其核心观点是要使员工产生企业期望的行为，必须在员工行为与员工需要的满足之间建立起必要的联系。过程型激励理论主要有期望理论、目标设置理论、公平理论和强化理论。

1. 期望理论

期望理论（Expectancy Theory）是V.B.弗鲁姆（V.B.Vroom）于1964年在《工作与激励》一书中提出的。期望理论认为一种行为倾向的强度取决于个体对于这种行为可能带来的结果的期望以及这种结果对行为者的吸引力。弗鲁姆认为人总是渴求满足一定需要并设法达到一定的目标，目标未实现之前就表现为一种期望。期望就是一个人根据以往的能力和经验，在一定的时间内希望达到目标或满足心理需要的一种心理活动，其与现实之间一般有三种可能性，即期望小于现实、期望大于现实、期望等于现实，这三种情况对员工积极性的影响是不同的。期望小于现实，即实际结果大于期望值。在奖励、提职、提薪、分房子等正强化的情况下，有助于提高员工的积极性[1]，而在惩罚等负强化的情况下，期望值小于现实，就会使人感到失望，从而产生消极情绪。期望大于现实，即实际结果小于期望值。期望等于现实，即人们的期望变为现实，所谓期望的结果，是人们预料之中的事。在这种情况下，一般地说，也有助于提高人的积极性。若从此以后没有继续给以激励，积极性则只能维持在期望值的水平上。期望理论提出了目标设置与个人需求相统一的理论，并引入了量化分析理论，在实践中更具可操作性。[2]

2. 目标设置理论

目标设置理论（Goal Setting Theory）是由美国管理学兼心理学教授E.A.洛克（E.A.Locke）于1967年提出的。目标设置理论认为目标本身具有激励作用，其能把人的需要转变为动机，使人们的行为朝着一定的方向努力，并将自己的行为结果与既定的目标相对照以及时修正和调整自己的行为，从而顺利实现目标。这种使需要转化为动机，再由动机支配行动以达成目标的过程就是目标激励。目标往往具有明确度和挑战性两种属性。[3]目

---

① [英]F.W.梅特兰：《员工激励》，何小蕾译，上海人民出版社2006年版。

② 周三多：《管理学》，复旦大学出版社2007年版。

③ Locke E.A.,Chah D.O., Harrison D.S., Lustgarten N., "Seperating the effects of goal specificity from goal level", *Organizational Behavior and Human Decision Process*,Vol.43,1989,pp.270-287.

标设置理论的第一个重要因素就是目标应当具有挑战性，又能够达到。艾伯特·班杜拉（Albert Bandura）总结得出："相当容易的目标不足以引起很大的兴趣和努力；适当困难程度的目标可以维持高的努力和通过该目标成就产生满足感，而超过个人所达到的目标会通过产生失望和非效能感而降低动机。"①目标设置理论的另一个重要因素是目标应当明确清晰。要使目标能引导个体的努力，它必须清晰而具体，体现在工作任务的内容和方向、最后完成期限和应达到的绩效标准等方面。研究发现，明确的、有挑战性的目标完成得最好；模糊的、有挑战性的目标完成的成绩呈中等水平；模糊的、没有挑战性的目标导致最低水平的成绩。目标设置理论提出以后，学者对其进行了拓展，发现在目标设置与绩效之间还存在一些重要的因素产生影响，这些因素包括对目标的承诺、反馈、自我效能感、任务策略、满意感等。②自洛克1967年提出目标设置理论以来，相关研究有力地证明了从目标设置的角度来研究激励是有效的，这个领域已经取得了很多有意义的成果，这些理论成果给实际工作带来了很大帮助。

3. 公平理论

公平理论（Equity Theory）是美国心理学家J.S.亚当斯（J.S.Adams）于1965年在《社会交换中的不公平》一书中提出的。公平理论的基本观点是：当一个人作出了成绩并取得了报酬以后，他不仅关心自己所得报酬的绝对量，而且关心自己所得报酬的相对量。因此，他要进行种种比较来确定自己所获报酬是否合理，比较的结果将直接影响今后工作的积极性。一种比较称为横向比较，即他要将自己获得的"报偿"与自己的"投入"的比值与组织内其他人进行比较，只有相等时，他才认为公平。③另一种比较称为纵向比较，即把自己目前投入的努力与目前所获得报偿的比值，同自己过去投入的努力与过去所获报偿的比值进行比较，只有相等时他才认为公平。近年来的公平理论研究不仅着眼于分配公平，而且还注意到了程序公平的内容。薪酬分配程序的公平性比薪酬的种类和数量更能激发员工

---

① [美]艾伯特·班杜拉：《自我效能:控制的实施》（上下册），缪小春译，华东师范大学出版社2003年版。

② 张美兰、车宏生：《目标设置理论及其新进展》，《心理学动态》1999年第2期。

③ Adams J. Stacy, "Inequity in social exchange", In Berkowitz Lenard（eds）, *Advance in experiment social psychology*,New York Academic Press, 1965.

的工作动机和行为。①在程序公平的决策过程中，员工可以获得对决策的公平性的解释，至少员工能得到公平的诉说抱怨和提出问题的机会。与分配公平相比，程序公平更能影响员工对组织的承诺和对管理者的信任。管理者如果想吸引人才、留住人才和激励员工、减少员工的不满意度，其关键在于让员工相信管理者能提供程序性的公平。在管理实践中，即使员工认为得到的产出不公平，但是只要程序公平，他们也会认为获得了公平。公平理论的不足之处在于员工本身对公平判断的主观性，员工总是倾向于过高估计自我的付出，而过低估计自己所得到的报酬，而对他人的估计则相反。这种行为给管理者造成了比较大的压力。

4. 强化理论

强化理论是由美国心理学家B.F.斯金纳（B.F.Skinner）提出的。斯金纳认为个体对外部事件或情境所采取的行为或反应，取决于特定行为的结果。当行为的结果对他有利时，这种行为会重复出现；当行为的结果不利时，个体可能会改变自己的行为以避免这种结果，这就是著名的效果法则。强化理论的核心观点就是管理者可以利用效果法则，通过对工作环境和员工行为结果的系统管理来修正员工行为，使得其行为符合组织的目标。有四种常见的修正行为的方法：（1）正强化。正强化就是应用有价值的结果从正面鼓励符合组织目标的行为，以增加这种行为重复出现的可能性。正强化物包括表扬、推荐信、优秀绩效评估等。工作本身也可以成为正强化物，充满乐趣、富于挑战性或内容丰富的工作远比机械单调的工作有正强化效应，从而具有更强的激励性。（2）负强化。负强化是员工改变自己的行为结果以规避不愉快的结果。负强化是事前的规避，它通常表现为组织的规定所形成的约束力，员工为了取消或避免不希望的结果而对自己的行为进行约束。（3）惩罚。惩罚就是通过消极加强或惩罚的方式来制止不符合期望的行为的重复出现，即当员工的行为不符合组织期望时，管理者利用惩罚手段，立即给予其反刺激，以达到中止或弱化这种行为的目的。惩罚与负强化不同，负强化只是包含了惩罚的威胁，在员工表现不满意时并不付诸实施，而惩罚则是落实对组织行为不利行为的惩罚措施。（4）忽视。忽视就是对员工行为的冷处理，以达到行为的自然消退，如对出色的工作不予表扬、对他人的帮助忘记致谢。强化理论认为，在塑造组

---

① 王霞：《房地产经营与管理》，复旦大学出版社2005年版。

织行为的过程中，应当重点放在正强化上，而不是简单的惩罚上，因为惩罚往往会对员工的心理产生不良的副作用。①

（三） 综合型激励理论

内容型激励理论和过程型激励理论都是在突出不同激励环节的作用，而在管理实践中，孤立地看待和应用它们是不科学的，要使激励产生预期的效果，就必须考虑奖励内容、奖励制度、组织分工、目标设置、公平考核等一系列的综合因素，并注重个人满意程度在努力中的反馈。另外，所有的激励理论都是针对员工总体而言的，而没有考虑员工需求、个性、期望、目标等个体变量的差异。美国心理学家波特和劳勒提出了激励工作的总体框架模型（见图3—1），公平理论、期望理论、强化理论都在波特和劳勒的模型中有所反映。模型显示，个人的努力受到个人目标的影响，是个人目标的延伸，体现了目标设置理论的思想，即要求管理者帮助员工设置适当的目标来引导其行为。个人努力与个人绩效之间、个人绩效与组织奖赏之间、组织奖赏与个人目标之间的逻辑关系正是反映了期望理论的基本思想。个人的努力能否取得预期的成绩并实现预期的目标，有赖于个人能力的培养和组织绩效评估系统的公正性、客观性。因此，知人善任和分配难度适合自己的工作任务对于引导组织成员有重要的影响。就绩效与奖酬之间的关系而言，若个人感到自己所得的报酬来自于自己工作的努力和绩效，则会取得更好的效果。在奖酬与个人目标之间，如果组织提供的报酬满足了个人的目标，那么个人的积极性将会大大提高。综合型激励理论表明激励工作是一件相当复杂的事，充满了科学性和艺术性。管理者和领导者根据激励理论处理激励实务时，应该针对员工的不同特点采用不同的方法。②

---

① 陈传明、周小虎：《管理学原理》，机械工业出版社2007年版。
② 同上。

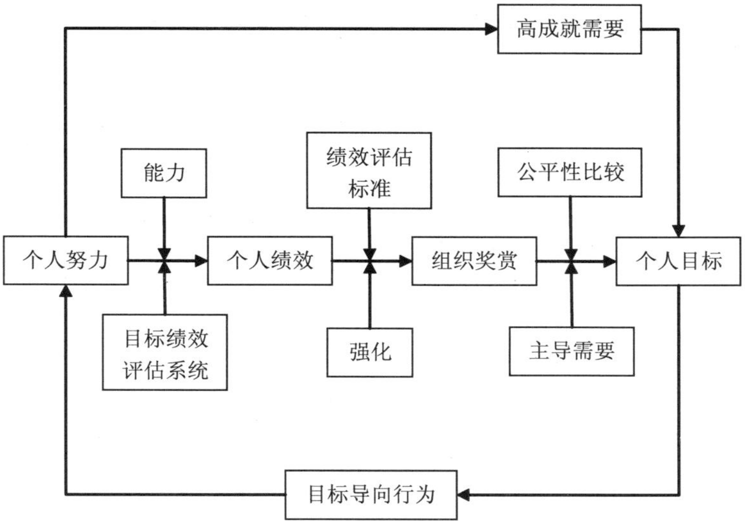

图3—1 综合激励理论模型

二　石油企业精神激励的特殊性

油气资源是当今社会最重要的经济和战略资源，是国民经济快速发展的先决条件。石油企业作为油气资源勘探开发、管道运输、加工销售的重要载体，肩负着国家经济、政治、军事、文化发展的时代重任，如何对其进行有效管理以降低成本、提高产能，事关国家能源战略安全和整个国家的经济效率，一直是国内企业管理研究领域的重要课题。

石油企业自身的特殊性，决定了石油企业精神激励机制的特殊性。石油企业与一般企业相比，其特殊性主要体现在两个方面，即员工构成与素质差异性、工作特殊性。

1. 石油企业员工构成与素质差异性

石油企业员工的工作专业性较强，内部工作分工明确，勘探人员、科研人员、生产人员、销售人员都要求具有较高的专业技术水平和文化素质。纵观中国石油企业，员工队伍庞大，员工素质差异较大，呈阶梯型变化，即科研人员素质较高，管理人员次之，生产人员的素质则略低。近年来，随着市场竞争的加剧，石油企业员工队伍总体素质得到了显著的提高。石油企业员工文化水平、技术水平、专业水平提高了，并且基本上都具有大专以上的学历。许多既懂技术，又懂管理的年轻人得到了企业的重用，大大地提高了石油企业员工队伍的素质。

2. 石油企业工作特殊性

石油企业具有高技术、高投入、高风险的特点，尤其是上游勘探开发企业，其工作场地大多在野外，员工工作地点分散、工作条件艰苦，部分员工常年驻外，与家人聚少离多，对家人的照顾不够，难以尽到对小孩的教育管理责任和义务，员工的隐性付出较大，一定程度上影响了员工的工作满意度和情绪，对员工的工作绩效造成了消极影响。同时，在野外作业过程中，员工"一岗多职"的现象较为普遍，员工的工作负担重，使员工出现了较大的心理落差，员工的工作积极性、主动性、创造性受到较大程度的打击，降低了工作产出。

针对石油企业员工构成及员工工作的特殊性，本书认为石油企业员工精神激励应突出两个特点，即精神激励的技能性和精神激励的人本关怀性。

1. 石油企业精神激励的技能性

石油企业的人才队伍按照工作岗位的不同可以分为经营管理、专业技术和操作技能三类，前两者的文化水平稍高，后者的文化水平偏低。尽管石油企业员工的素质不尽相同，但都是企业发展的关键力量，企业对员工的精神激励不能忽视任何一方。当前石油企业往往忽略技能型员工的精神激励，这是不可取的。技能性员工是推动技术创新和实现科技成果转化的重要力量，其处于企业生产的第一线，承担着企业最为艰苦的工作，为石油企业的发展作出了重要贡献。但工作量大、工作时间长。石油企业应像尊重高级专家那样尊重技能型员工，像关心高级专家那样关心技能型员工的成长。通过制订人才队伍建设的实施计划和技师、高级技师管理办法等，积极组织技师、高级技师培训，全面开展班组长培训，组织开展职业技能竞赛，促进操作技能队伍素质的不断提高，满足技能型员工的自我成就感，从而形成一支结构合理、技术精湛、一专多能、适应国际市场规范施工作业要求的高素质操作技能人才队伍。另外，石油企业还应积极营造适应员工发展的工作环境，从吸引、培养、使用等三个环节出发，不断改进人才管理范式和管理方法，促进各类员工精神层面的提升，形成员工工作的内在驱动力。只有各类员工共同发展，各自发挥应有的作用，才能带动石油企业乘风破浪，扬帆远航，不断地取得进步。

2. 石油企业精神激励的人本关怀性

石油企业员工工作的隐性付出往往没有被企业正式的薪酬制度所认可，企业没有建立相应的隐性付出补偿机制，因此石油企业员工精神激励应体现人本关怀性，以此来弥补员工的隐性付出，并培养员工对企业的认同感和归属感。这方面可以借鉴西北油田公司的经验。西北油田分公司在乌鲁木齐修建了三个大型职工住宅小区，这就稳定了后方，使一线员工安心工作。同时，在油田建设先进的体育场馆，实行职工轮休制度。为了解决油田双职工无法照顾家庭的困难，公司成立了"帮扶站"，建立了全方位多层次的帮扶体系，极大地解除了员工的后顾之忧。西北油田分公司把"创建和谐企业"的理念贯穿于油田开发工作中，通过创新帮扶思路，建立全方位、多层次的帮扶体系，使帮扶工作成为稳定一线职工的民心工程，形成了一套比较完善的以人为本的关怀激励机制，从而调动了员工工作的积极性。

三　员工精神激励感知量表的编制

本书采用问卷调查的方法对石油企业员工的精神激励感知的水平进行探讨，并识别石油企业员工精神激励感知的维度。通过编制的石油企业员工精神激励感知量表完成对具体石油企业员工的问卷调查，旨在探讨石油企业员工精神激励感知的维度，进而确定每个维度包含的题项，以此为依据对量表的效度和信度进行检验。具体做法是：

第一阶段：编制初测量表。结合文献分析和与部分石油企业员工进行的访谈编制开放式问卷，在石油企业小范围内施测，尽可能多地收集反映石油企业员工精神激励感知的题项，并召开专题会议，请人力资源管理专家和石油企业员工座谈，对收集到的题项进行详细的语义分析，删除表达不清、有歧义、意义重叠的题项，形成石油企业员工精神激励感知初测量表。

第二阶段：预测试。使用石油企业员工精神激励感知初测量表进行测试，采用项目分析的方法识别量表各个题项的项目区分度，删除项目区分度低于0.25的题项，修订初测量表形成正式量表。

第三阶段：正式施测。使用修订过的石油企业员工精神激励感知量表进行测试，首先，借助统计分析软件SPSS17.0，运用探索性因素分析方法来探索石油企业员工精神激励感知的维度，采用因子分析法确定石油企业员工精神激励感知的维度；其次，借助统计分析软件AMOS17.0，运用验证性因素分析方法对石油企业员工精神激励感知的维度进行验证，并构建石油企业员工精神激励感知模型。

（一） 量表编制的原则

研究中量表的来源可以分为两类：一类是直接借鉴国外相对成熟的测量量表，仅对个别题项的措辞和内容进行了一定的修改。这类问卷虽然能在一定程度上反映国内企业的特点，有一定的应用价值，但是国外成熟的量表多以欧美文化为背景，其题项内容反映的是西方企业实践中的经验和内涵，而西方企业在文化、发展阶段、模式等方面与中国企业存在明显的差异，因此这类问卷的应用范围存在着局限性。另一类是依据国内企业特点自行编制相关量表。这类量表从中国企业的具体特点来编写量表题项，其能够真实地反映中国企业的特点，是一种有效的问卷。

量表在编制时严格遵循以下五项原则。

1. 借鉴性原则

在量表的框架设计上充分借鉴国内外精神激励研究的理论成果和实践经验，综合国内外精神激励感知研究的文献成果，统计分析文献中员工精神激励感知维度的含义和出现频率，并以此来确定石油企业员工精神激励感知的主要维度及其含义。

2. 实际性原则

石油企业员工精神激励感知量表的题项应符合石油企业的实际情况。通过与具体的石油企业的各级员工就精神激励感知进行深度访谈，广泛征求石油企业各级员工对精神激励感知量表编制的意见，以此来提高石油企业员工精神激励感知量表的科学性、实用性，以求更真实地反映石油企业员工精神激励感知的水平。

3. 重要性原则

精神激励的方式是多样的，如培训激励、荣誉激励、晋升激励、成长与发展激励等，每种激励方式对员工的激励程度是不同的，员工对于每种激励方式的感知存在差异，然而一套科学有效的精神激励机制绝不是各种激励方式的简单叠加，既要考虑到管理的经济性，又要针对员工的不同需求。因此，本书在编写石油企业员工精神激励感知量表的具体题项时，重点考虑石油企业应用广泛的、易被员工认可的精神激励方式，包括培训激励、参与激励、晋升激励、荣誉激励、成长与发展激励、关系激励等六个方面。

4. 简明性原则

石油企业员工分为管理人员、科研人员、一线生产人员，其受教育程度、社会经济文化背景、阅读理解水平等都是不同的，其中一线生产人员的文化素质相对较低，因此量表题项的用词应尽可能简单，不超出受测对象的总体知识和能力范围，文字上要简明扼要，尽可能用一句话说明问题。[1]

5. 流畅性原则

为了提高石油企业员工精神激励感知量表的流畅性，首先，请笔者的同学及石油企业员工对量表的用语和措辞进行了修改，使问卷更加浅显易懂，易于被教育程度较低的员工所接受。其次，征求了三位人力资源专家的意见，对量表作了进一步的修改，提高了量表项目的科学性和重要性。

（二）员工精神激励感知量表的初步确定

石油企业员工精神激励感知初测量表是以精神激励研究的相关理论和国内外企业的精神激励实践为依据，遵循石油企业员工精神激励感知量表编制的原则，参照企业精神激励的主要方式，并兼顾石油企业精神激励的特殊性完成的。本书在量表的编制过程中，借鉴了胡蓉（2006）的《重庆市北碚区房地产企业员工精神激励调查问卷》，并遵循借鉴性原则、实际性原则、重要性原则、简明性原则、流畅性原则对量表题项进行筛选、修订，最终确定了石油企业员工精神激励感知初测量表的22个题项。石油企业员工精神激励感知量表的22个题项涵盖了精神激励感知的七个方面，其

---

[1] 张森林：《基于组织政治认知的石油企业员工绩效实证研究》，博士学位论文，西南石油大学，2010年。

中题项1、题项2、题项3用于测量员工对培训激励的感知；题项4、题项
12、题项13用于测量员工对目标激励的感知；题项5、题项14、题项21用于
测量员工对参与激励的感知；题项6、题项18用于测量员工对晋升激励的感
知；题项7、题项8、题项16用于测量员工对荣誉激励的感知；题项9、题项
15、题项17、题项22用于测量员工对成长与发展激励的感知；题项10、题
项11、题项19、题项20用于测量员工对关系激励的感知。石油企业员工精
神激励感知量表采用李克特5级量表格式，量表中可供选择的答案如下：如
果您认为该题项所说内容"非常不符合"工作实际，请选1；如果您认为该
题项所说内容"不符合"工作实际，请选2；如果您认为该题项所说内容"不
确定"符合工作实际，请选3；如果您认为该题项所说内容"符合"工作实
际，请选4；如果您认为该题项所说内容"非常符合"工作实际，请选5。

表3—1 石油企业员工精神激励感知初测量表

选项 题项	非常不符合	不符合	不确定	符合	非常符合
1. 企业为您提供了必需的知识技能培训	1	2	3	4	5
2. 培训让您感受到公司对您的重视	1	2	3	4	5
3. 培训提高了您对自我价值的肯定	1	2	3	4	5
4. 您的工作目标与企业追求的目标是一致的	1	2	3	4	5
5. 企业能参考、尊重您合理的建议	1	2	3	4	5
6. 企业严格按照标准晋升员工	1	2	3	4	5
7. 您的工作会受到领导的表扬和鼓励	1	2	3	4	5
8. 您会努力争取优秀员工等荣誉	1	2	3	4	5
9. 您的能力和特长可以在工作中发挥	1	2	3	4	5
10. 企业上下级之间关系融洽	1	2	3	4	5
11. 企业里的同事关系和谐	1	2	3	4	5
12. 您的工作目标具体、明确	1	2	3	4	5
13. 您了解自己在实现企业目标中所起的作用	1	2	3	4	5
14. 企业员工能参与并影响企业决策	1	2	3	4	5
15. 您会为争取升职的机会而努力工作	1	2	3	4	5
16. 您的付出与获得的荣誉是一致的	1	2	3	4	5
17. 您在工作中获得的成就感大	1	2	3	4	5

选项　　　　题项	非常不符合	不符合	不确定	符合	非常符合
18. 在企业里，您有明确的晋升目标	1	2	3	4	5
19. 企业的关系氛围使您工作轻松	1	2	3	4	5
20. 企业各部门之间保持团结协作关系	1	2	3	4	5
21. 员工可以把建议和问题等信息自下而上地反映	1	2	3	4	5
22. 您在企业有光明的发展前景	1	2	3	4	5

四　员工精神激励感知量表的预测试

量表预测试的目的是对量表题项进行一致性检验，对有关题项进行修订、删减，从而提高量表的科学性、有效性。预测试的对象是四川某石油企业，本书将石油企业员工精神激励感知量表装订成册发放给员工。本次预测试共发放问卷147份，收回115份，回收率78.2%。

表3—2　　　石油企业员工精神激励感知量表预测试样本的描述性统计

项目	类别	人数	人数百分比（%）
性别	男	78	67.8
	女	37	32.2
婚姻状况	未婚	48	41.7
	已婚	67	58.3
年龄	20—29岁	39	34.0
	30—39岁	28	24.3
	40—49岁	36	31.3
	50岁以上	12	10.4
文化程度	高中以下	18	15.7
	专科	51	44.3
	本科	21	18.3
	硕士	22	19.1
	博士	3	2.6

续表

项目	类别	人数	人数百分比（%）
工作年限	1—5	28	24.3
	5—10	45	39.2
	10年以上	42	36.5
年收入	2万元以下	19	16.5
	2万—3万元	26	22.6
	3万—5万元	43	37.4
	5万元以上	27	23.5
职务	普通员工	79	68.7
	基层管理人员	18	15.7
	中层管理人员	12	10.4
	高层管理人员	6	5.2
组织规模	100人以下	0	0
	100—500人	115	100
	500—1000人	0	0
	1000人以上	0	0

（一）员工精神激励感知量表的预测试结果分析

量表修订需遵循两个原则：一是参照项目分析的结果，保留项目区分度 > 0.25的题项，剔除项目区分度 < 0.25的题项[1]；二是参照项目分析结果，调整含义不明确、有歧义的题项。本书运用统计分析软件SPSS17.0采用相关分析的方法对量表题项进行项目分析，主要是借助题项得分与量表总分之间的相关系数对各题项与量表的一致性进行检验。若某个题项的得分与量表总分的相关系数在0.25以上，就认为该题项是具有较高区分度的，表明其能够很好地发挥测量效力，保留此题项；反之，某个题项的得分与量表总分的相关系数小于0.25，就认为该题项的区分度较低，表明其测量效力较差，删除此题项。[2]通过对石油企业员工精神激励感知量表的预测试，识别

---

① 项目区分度（Item Discrimination），又称做项目的鉴别力，指项目得分对被试实际能力或心理特质水平的区分能力，也就是项目得分的高低与实际测量一致性的程度。

② 唐丽莉：《企业员工组织承诺对关系绩效影响的实证研究》，博士学位论文，大连理工大学，2006年。

量表各题项的区分度，删除含义交叉或重复的题项，保留测量结果准确的题项。

表3—3　　　　　　石油企业员工精神激励感知初测量表项目区分度分析

题目	与精神激励感知量表总分之间的相关	题目	与精神激励感知量表总分之间的相关
1	0.603**	12	0.702**
2	0.607*	13	0.581*
3	0.611**	14	0.472**
4	0.317**	15	0.515**
5	0.505**	16	0.722*
6	0.430*	17	0.586**
7	0.660**	18	0.508
8	0.521*	19	0.517
9	0.458**	20	0.108*
10	0.507	21	0.753**
11	0.211*	22	0.161*

*P<0.05，**P<0.01。

石油企业员工精神激励感知量表的预试结果表明量表结构不清晰，个别题项的项目的区分度未达到技术要求，其中题项10、18、19与量表总分之间的相关关系不显著，题项11、20、22的项目区分度低于0.25，表明石油企业员工精神激励感知初测量表还不是一个有效的量表，必须参照量表修订的原则对量表进行修订。

（二）员工精神激励感知量表的修订

深入分析石油企业员工精神激励感知初测量表中存在异议的题项，发现题项18的意义不明确、有歧义，题项22存在交叉、重复的题项，题项10、11、19、20测量的员工关于关系激励的感知，而测量的结果表明石油企业员工对于关系激励感知的认同度不高，故不再保留员工关系激励感知的测量题项，删除题项10、11、18、19、20、22等6个题项，保留剩余的16个题项。请人力资源专家和石油企业员工对剩余16个题项的语义、普适性及重要性进行审核，接着进行第二次预测试。第二次预测试仍在该石油企业进行，发放问卷235份，收回217份，回收率92.3%，其中有效问卷193份，有效率88.9%。第二次预测试的结果显示，每个题项的项目区分度均在0.25以上，表明石油企业员工精神激励感知量表已经是一个有效的问卷。根据预测试的结果完成石油企业员工精神激励感知量表的修订，得到石油企业员工精神激励感知正式量表（见表3—4）。

表3—4　　　　　　　　石油企业员工精神激励感知正式量表

题项　　　　　　　　　　选项	非常不符合	不符合	不确定	符合	非常符合
1.企业为您提供了必需的知识技能培训	1	2	3	4	5
2.培训让您感受到公司对您的重视	1	2	3	4	5
3.培训提高了您对自我价值的肯定	1	2	3	4	5
4.您的工作目标与企业追求的目标是一致的	1	2	3	4	5
5.企业能参考、尊重您合理的建议	1	2	3	4	5
6.企业严格按照标准晋升员工	1	2	3	4	5
7.您的工作会受到领导的表扬和鼓励	1	2	3	4	5
8.您会努力争取优秀员工等荣誉	1	2	3	4	5
9.您的能力和特长可以在工作中发挥	1	2	3	4	5
10.您的工作目标具体、明确	1	2	3	4	5
11.您了解自己在实现企业目标中所起的作用	1	2	3	4	5
12.企业员工能参与并影响企业决策	1	2	3	4	5
13.您会为争取升职的机会而努力工作	1	2	3	4	5
14.您的付出与获得的荣誉是一致的	1	2	3	4	5
15.您在工作中获得的成就感大	1	2	3	4	5
16.员工可以把建议和问题等信息自下而上地反映	1	2	3	4	5

五 员工精神激励感知的维度研究

（一） 数据的收集与整理

表3—5 石油企业员工精神激励感知正式量表调查样本的描述性统计

项目	类别	人数	人数百分比（%）
性别	男	273	65.8
	女	142	34.2
婚姻状况	未婚	123	29.6
	已婚	292	70.4
年龄	20—29岁	133	32.1
	30—39岁	147	35.4
	40—49岁	83	20
	50岁以上	52	12.5
文化程度	高中及以下	70	16.9
	专科	179	43.1
	本科	99	23.9
	硕士	50	12.0
	博士	17	4.1
工作年限	1—5年	112	27.0
	5—10年	217	52.3
	10年以上	86	20.7
年收入	2万元以下	76	18.3
	2万—3万元	122	29.4
	3万—5万元	152	36.6
	5万元以上	65	15.7
职务	普通员工	227	54.7
	基层管理人员	111	26.7
	中层管理人员	43	10.4
	高层管理人员	34	8.2
组织规模	100人以下	67	16.1
	100—500人	98	23.6
	500—1000人	139	33.5
	1000人以上	111	26.7

为了研究石油企业员工精神激励感知的总体水平以及石油企业员工精神激励感知的结构，本书运用石油企业员工精神激励感知正式量表对石油企业员工展开调查。本次调查的对象为胜利油田、塔里木油田、川庆钻探公司、中原油田井下作业公司等4家石油企业的部分员工，涵盖了生产、科研、销售、后勤等不同岗位，最大限度地保障了问卷数据的全面性、科学性，累计发放纸质问卷464份，电子问卷57份，收回450份，回收率86.4%，有效问卷415份，有效率92.2%。本书对石油企业员工精神激励感知量表收集的数据进行分半处理，一半数据进行探索性因素分析，另一半数据进行验证性因素分析。

（二） 探索性因素分析

精神激励方式的多样性决定了员工精神激励感知的多维性，正确地识别员工精神激励感知的维度是员工精神激励感知研究的关键。本书运用SPSS17.0，采用探索性因素分析方法对正式量表的16个题目进行分析。探索性因素分析的原理是用最大似然法（Maximum Likelihood）提取特征值（Eigenvalue）大于1的共同因素，再以Varimax最大方差旋转法处理，使旋转后每一因素内的各题项因素负荷量大小相差尽量达到最大，以利于因素的辨认和命名。

1. KMO值分析和Bartlett球体检验

探索性因素分析首先进行的是KMO值分析和Bartlett球体检验。KMO值检验的目的是分析观测变量之间的简单相关系数和偏相关系数的相对大小，看数据是否适合进行因素分析，若KMO取值过小，表明变量偶对之间的相关不能被其他变量解释，不适合进行因素分析。根据学者凯萨的观点，当KMO的值小于0.5时，则不宜进行因素分析。Bartlett球体检验的目的是确定所要求的数据是否来自多元正态分布的总体，若差异检验的F值显著，表示所取数据来自正态分布的总体，可以作进一步的分析。石油企业员工精神激励感知量表的KMO值分析和Bartlett球体检验的结果如表3—6。结果显示，石油企业员工精神激励感知量表的KMO=0.79 > 0.5，Bartlett球体检验的F值等于0.000，表明数据来自正态分布总体，适合进行探索性因素分析。

表3—6 员工精神激励感知量表KMO 和 Bartlett 检验

Kaiser-Meyer-Olkin 样本适当性度量		0.79
Bartlett球体检验	近似卡方分布	207.140
	自由度	95
	显著性水平	0.000

2. 因子提取

本书采用因子分析（Factor analysis）提取石油企业员工精神激励感知的主要因子。石油企业员工精神激励感知量表的因子分析结果中特征值表示每个因子解释的总方差，贡献率指可归于某一因子的总方差的百分比。从表3—7可以看出，石油企业员工精神激励感知量表中特征值大于1的因子共有三个，共解释总方差82.342%。理想的因子结构是以较少的因子来模拟大量无序的数据，以降低数据的复杂性，使因子的解释力达到最强。本书遵循这一原则以特征值大于1为选取标准，将石油企业员工精神激励感知的共同因子归纳为三个，累积贡献率达到82.342%。

表3—7 石油企业员工精神激励感知因子

因素	特征值	贡献率（%）	累积贡献率（%）
1	5.185	33.150	33.150
2	4.030	26.142	59.292
3	3.210	23.050	82.342
4	0.735		
5	0.624		
6	0.530		
7	0.516		
8	0.373		
9	0.280		
10	0.158		
11	0.130		
12	0.068		
13	0.046		
14	0.030		
15	0.021		
16	0.011		

3. 因子旋转

为了进一步对因子作出解释，本书采用最大方差旋转法对因子提取得到的因子负荷矩阵进行旋转变换，得到旋转后的因子负荷矩阵（见表3—8）。每个因子都对应一组负荷较高的变量，这些变量所隐含的共同信息体现了该因子的含义。第一个因子的特征值是5.185，对员工精神激励感知总变异的贡献率为33.150%，其包含题项4、5、12、16，主要描述石油企业员工对企业决策过程中自身参与程度的感知，本书将其命名为"参与激励感知"；第二个因子的特征值是4.030，对员工精神激励感知变异的贡献率为26.142%，其包含题项1、2、3、9、10、11、15，主要描述石油企业员工对企业参与培训的机会以及企业满足其自我实现需要的感知，本书将其命为"成长与发展激励感知"；第三个因子的特征值是3.210，对员工精神激励感知总变异的贡献率为23.050%，其包含题项6、7、8、13、14，主要描述石油企业员工对企业晋升政策以及自身追求荣誉的感知，本书将其命名为"荣誉与晋升激励感知"。

表3—8　　　　　　　　　　　旋转后的因子负荷矩阵

项目	因子1	因子2	因子3
A12	0.610		
A5	0.602		
A4	0.518		
A16	0.782		
A3		0.745	
A10		0.864	
A15		0.578	
A9		0.573	
A2		0.550	
A11		0.705	
A1		0.809	
A8			0.710
A7			0.606
A6			0.733
A13			0.620
A14			0.407

表3—9 石油企业员工精神激励感知的维度及所含题项

维度	维度含义	包含题项
参与激励感知	员工对企业决策过程中自身参与程度的感知	您的工作目标与企业追求的目标是一致的
		企业能参考、尊重您合理的建议
		企业员工能参与并影响企业决策
		员工可以把建议和问题等信息自下而上地反映
成长与发展激励感知	员工对企业参与培训的机会以及企业满足其自我实现需要的感知	企业为您提供了必需的知识技能培训
		培训让您感受到公司对您的重视
		培训提高了您对自我价值的肯定
		您的能力和特长可以在工作中发挥
		您的工作目标具体、明确
		您了解自己在实现企业目标中所起的作用
		您在工作中获得的成就感大
荣誉与晋升激励感知	员工对企业晋升政策以及自身追求荣誉的感知	您的工作会受到领导的表扬和鼓励
		您会努力争取优秀员工等荣誉
		您的付出与获得的荣誉是一致的
		企业严格按照标准晋升员工
		您会为争取升职的机会而努力工作

（三） 信度分析

信度（Reliability）指测量结果（数据）一致性或稳定性的程度。一致性主要反映内部题项之间的关系，考察测验的各个题项是否测量了相同的内容和特质。稳定性则是指用一种测量工具对同一受试者进行不同时间上的重复测量结果间的可靠性，若问卷设计合理，重复测量的结果间应该高度一致。一般情况下，信度检验的程序分为两步：（1）主要是检验总量表及各个维度的内部一致性；（2）检验各个维度之间的相关程度及各维度与总量表之间的相关程度。

第一步，检验石油企业员工精神激励感知量表及精神激励感知各个维度的内部一致性。本书采用克朗巴哈系数对石油企业员工精神激励感知量表的一致性进行检验。克朗巴哈信度检验的原则是如果克朗巴哈系数大于0.9，则认为量表的内在信度很高；如果克朗巴哈系数大于0.7小于0.8，则可以认为量表设计存在问题，但是仍有参考价值；如果克朗巴哈系数小于0.7，则认为量表设计上存在很大问题，应该重新设计。从表3—10可以看出，石油企业员工精神激励感知量表及其各个维度的克朗巴哈系数均在可接受的范围内，表明问卷有较高的信度。

表3—10　　　　　　　　　　员工精神激励感知量表信度检验

	量表测试条目	克朗巴哈系数
总量表	16	0.840
参与激励感知	4	0.852
成长与发展激励感知	7	0.709
荣誉与晋升激励感知	5	0.812

第二步，检验石油企业员工精神激励感知各个维度之间的相关程度及各维度与精神激励感知总体之间的相关程度（见表3—11）。从表3—11中可以看出，石油企业员工精神激励感知各维度间均呈正相关，且都达到了显著水平，说明各个维度的测量方向是一致的，且彼此独立，各个维度与精神激励感知总体的相关关系也都达到了显著水平，表明各个维度与总量表之间的整体概念具有较好的一致性。

表3—11　　　　　　　员工精神激励感知各维度间的相关系数

	参与激励感知	成长与发展激励感知	荣誉与晋升激励感知
参与激励感知	1		
成长与发展激励感知	0.353*	1	
荣誉与晋升激励感知	0.327**	0.415**	1
总量表	0.308**	0.403**	0.315**

*$P < 0.05$，　**$P < 0.01$。

（四）　验证性因素分析

本书运用统计分析软件AMOS17.0，以石油企业员工精神激励感知量表得到的另一半数据为样本，对探索研究得到的石油企业员工精神激励感知的结构进行验证性分析，以确保探索研究所得结果的稳定性、可靠性。

1. 验证性因素分析理论

验证性因素分析又称为结构方程模型（简称SEM），是基于变量的协方差矩阵来分析变量之间关系的一种综合性的统计方法，其主要是一种证实的技术，主要从构建模型出发，用数据与模型进行拟合，以检验数据对模型的支持程度[①]。与传统的因素分析、回归分析、路径分析等多元统计方法相比，结构方程模型的最大优势在于允许有测量误差的情况下同时对观测变量和潜变量以及潜变量与潜变量之间的关系进行验证。验证性因素分析的优点主要体现在三个方面：（1）能同时处理多个因变量。（2）允许自变量和因变量均包含测量误差。（3）估计整个模型的拟合程度。[②]由于验证性因素分析考虑观测变量与潜变量的关系，并对误差进行分析，因而常用于各种社会、心理现象及其相关关系的探讨。

结构方程模型可分为测量方程（Measurement Equation）和结构方程（Structural Equation）两部分。[③]测量方程描述潜变量与测量指标之间的关系，而结构方程反映潜变量之间的关系。指标含有随机误差和系统误差，前者指测量上的不准确行为，后者反映指标同时测量潜变量以外的特性，随机误差和系统误差统称为测量误差。

（1）测量模型。指标与潜变量之间的关系，通常写成以下测量方程：

$$x = A_x \xi + \delta \qquad y = A_y \eta + \varepsilon$$

其中，x为外生标志（Exogenous Indicators）组成的向量；y为内生标志（Endogenous Indicators）组成的向量；ξ为外生潜变量（即它们的影响因素处于模型之外）；η为内生潜变量（即由模型内变量作用所影响的变量）；A_x为外生标志与外生潜变量之间的关系，称为外生标志在外生潜变量上的因子负荷矩阵；A_y为内生标志与内生潜变量之间的关系，称为内生标志在内生潜变量上的因子符合矩阵。δ为外生标志x的误差项；ε为内生标志y的误差项。

---

① 易丹辉：《结构方程模型方法与应用》，中国人民大学出版社2008年版。

② 周涛、鲁耀斌：《结构方程模型及其在实证分析中的应用》，《工业工程与管理》2006年第5期。

③ Anderson J.C., Gerbing D.W., "Structural equation modeling in practice: a review and recommended two-step approach", *Psychological Bulletin*, Vol. 103, No.3, 1988, pp.262-269.

（2）结构模型。对于潜变量之间的关系，可写成如下结构方程：

$$\eta = B\eta + \Gamma\xi + \varsigma$$

其中，B为内生潜变量之间的关系；Γ为外生潜变量对内生潜变量的影响；ς为残差项，反映了η在方程中未能被解释的部分。

结构方程模型的基本假设为：①测量模型误差项ε，δ的均值为零；②结构模型的残差项ς的均值为零；③误差项ε，δ与因子η，ξ之间不相关，误差项ε与δ不相关；④残差项ς与ξ，ε，δ之间不相关。

2. 验证性因素分析过程

石油企业员工精神激励感知三维结构的验证分为两步：模型构建、模型拟合与评价。

（1）模型构建

通过对石油企业员工精神激励感知量表的探索性因素分析，将石油企业员工精神激励感知分为三个维度，即参与激励感知、成长与发展激励感知、荣誉与晋升激励感知。由此，本书提出石油企业员工精神激励感知结构模型（见图3—2）。根据结构方程模型的原理，参与激励感知、成长与发展激励感知、荣誉与晋升激励感知表示外生潜变量，A_1，$A_2\cdots$，A_{16}表示外生标志。

（2）模型拟合与评价

首先，根据结构方程模型中测量方程模型的原理，在石油企业员工精神激励感知结构模型的基础上，构建石油企业员工精神激励感知测量模型（见图3—3）。ξ_1表示石油企业员工的参与激励感知维度；ξ_2表示石油企业员工的成长与激励感知维度；ξ_3表示石油企业员工的荣誉与晋升激励感知维度；x_1，x_2，$\cdots$，x_{16}表示石油企业员工精神激励感知量表各个题项的得分；δ_1，δ_2，$\cdots$，δ_{16}表示石油企业员工精神激励感知量表各个题项的测量误差；ϕ_1，ϕ_2，ϕ_3表示石油企业员工精神激励感知各维度的相关程度。其次，以石油企业员工精神激励感知量表得到的另一半数据为样本，使用AMOS17.0对石油企业员工精神激励感知测量模型进行运算（见图3—4）。最后，采用χ^2、χ^2/df、拟合优度指数（GFI）、调整后的拟合优度指数（AGFI）、规范拟合指数（NFI）、增益拟合指数（IFI）、比较拟合指数（CFI）、近似误差均方根（RMSEA）等指标对石油企业员工精神激励感知模型进行综合评价。χ^2越小，表明观测数据与模型拟合得越好。然而，由于χ^2与样本的大小密切相关，因此不直接作为评价模型的指标，而用χ^2/df进行衡量。χ^2/df越接近于0，观测数据与模型拟合得越好。χ^2/df大于10表示模型很不理想，小于5表示模型可以接受，小于3则模型较好；GFI、AGFI、NFI、IFI、CFI的变化区间在0—1，越接近1越好，RMSEA处于0—1，RMSEA小于0.05表示模型拟合度好，在0.05—0.08表示模型基本可以接受，越接近0越好。AMOS17.0对石油企业员工精神激励感知模型进行拟合后的各项指数显示石油企业员工精神激励感知三维结构的拟合指数均达到了较高的拟合水平，说明石油企业员工精神激励感知的三维结构是科学、有效的（见表3—12）。

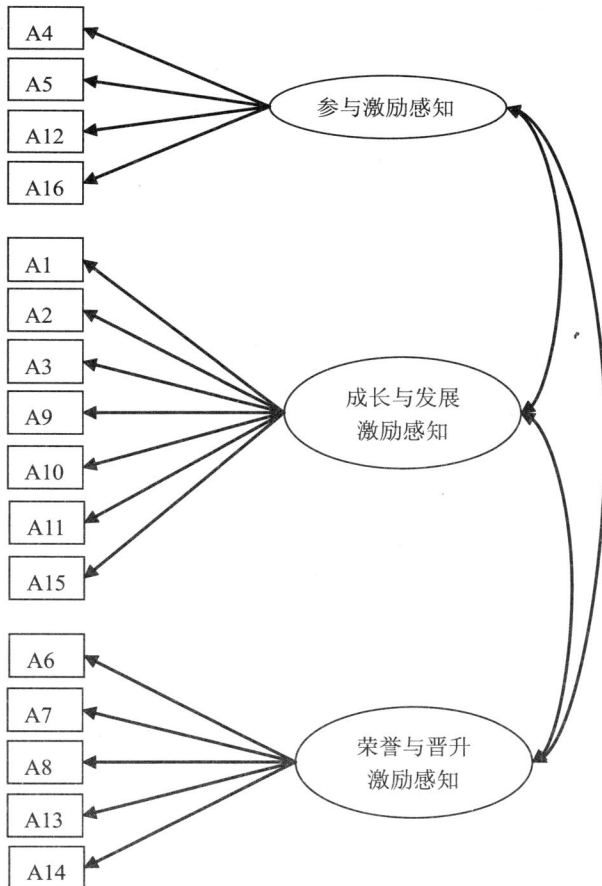

图3—2 石油企业员工精神激励感知结构模型

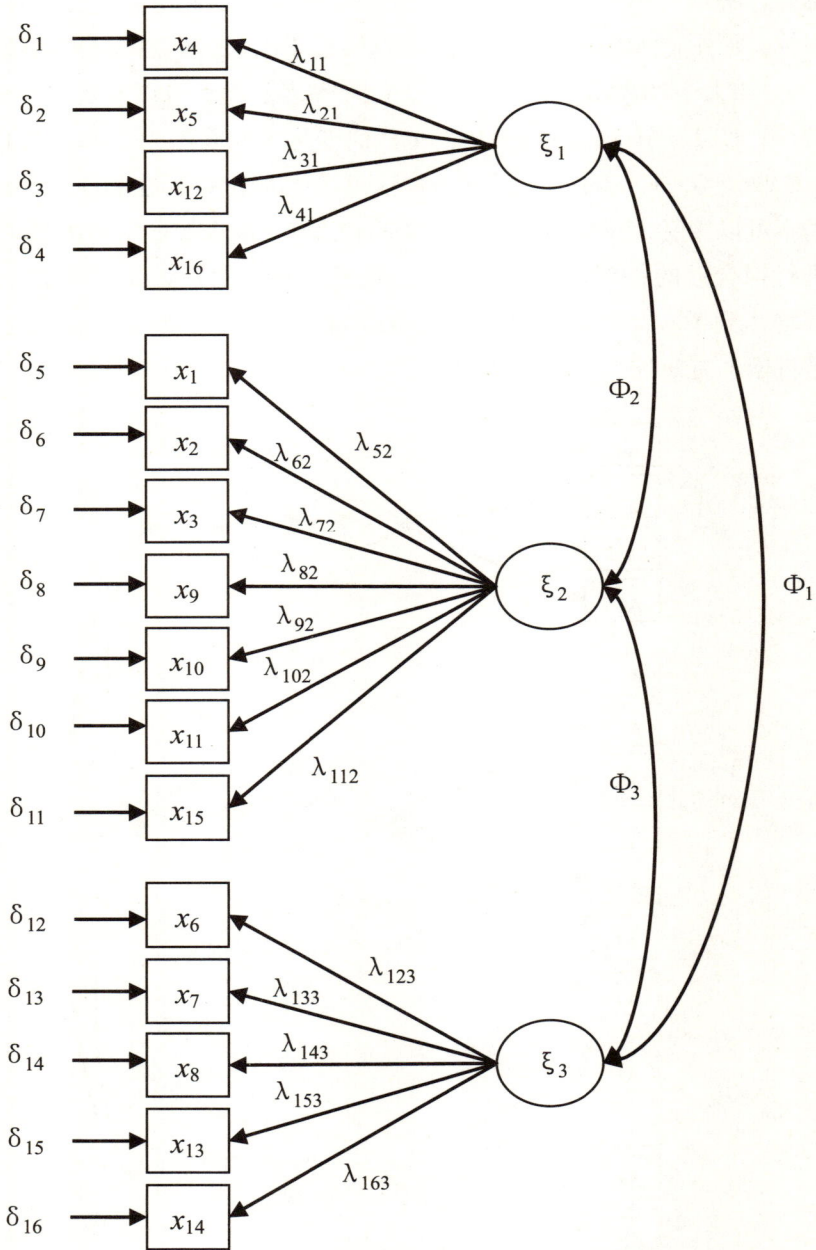

图3—3 石油企业员工精神激励感知测量模型

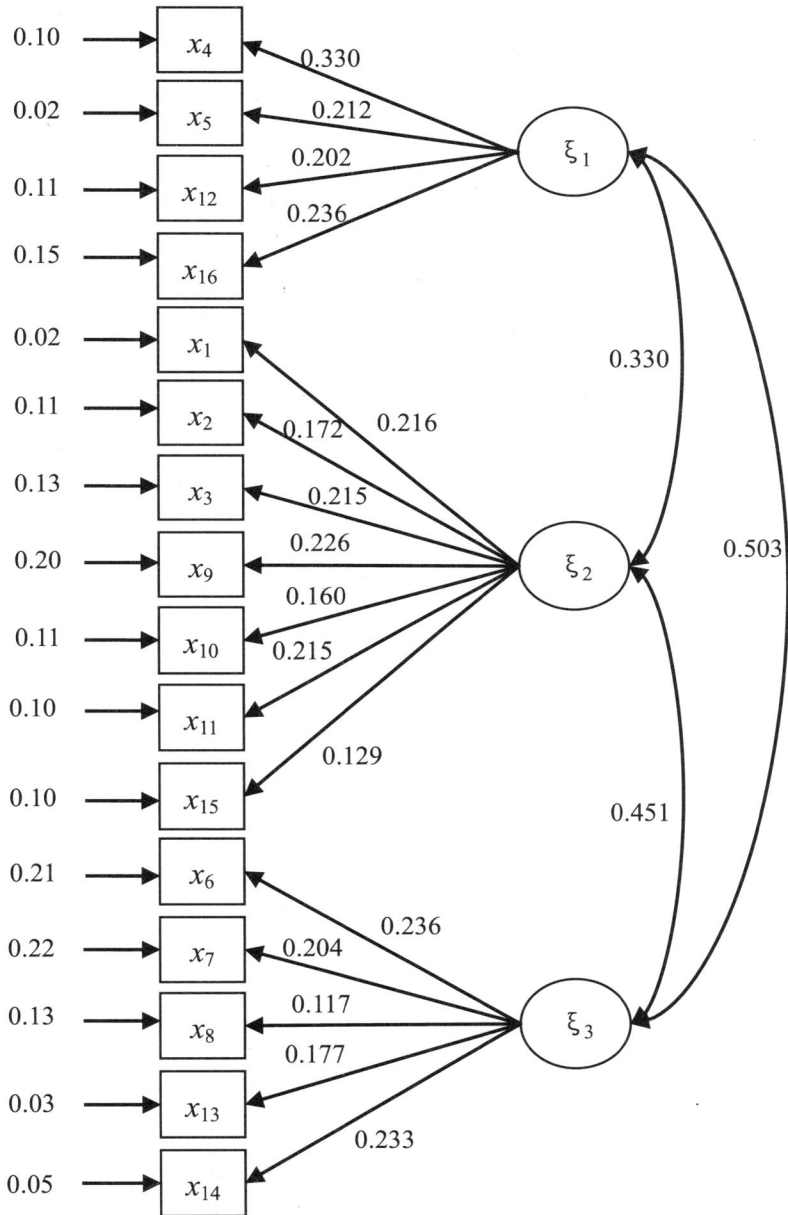

图3—4　石油企业员工精神激励感知模型拟合结果

表3—12　　　　　　　石油企业员工精神激励感知模型的拟合指数表

x^2	x^2/df	GFI	AGFI	NFI	IFI	CFI	RMSEA
140.20	2.05	0.96	0.91	0.85	0.88	0.87	0.02

六　员工个性特征与精神激励感知关系研究

精神激励感知同心理契约、工作满意度相似，均属于员工的内心行为，是员工对于企业精神激励措施的一种主观感受。鲁索（Rousseau，1990）在对MBA毕业生的调查中发现，新员工的心理契约与老员工的心理契约存在差异。[1]弗里兹和沙尔克（Freese & Schalk，1996）对荷兰328名被试进行调查发现男女员工的心理契约存在差异。[2]彭川宇（2008）对621名知识员工进行调查发现性别、工作年限和技术职称会影响员工的心理契约水平。[3]王发明（2010）发现教育程度与工作满意度正相关，而性别、年龄、工作年限对工作满意度的影响并不显著。[4]不同的员工由于成长背景、教育经历、工作实践等个体因素的不同，其看待周围事物的主观态度会因性别、婚姻状况、年龄等人口统计学变量的不同而出现差异，企业精神激励措施对于不同员工精神层面的满足程度及员工对于企业精神激励措施的感知水平也会因人口统计学变量的不同而不同。本书探究人口统计学变量对石油企业员工精神激励感知的影响，具体考察的人口统计学变量有性别、婚姻状况、年龄、文化程度、工作年限、年收入、职务，其中对性别、婚姻状况作T检验，年龄、文化程度、工作年限、年收入、职务作F检验。

---

① Rousseau D .M., "New hire perspectives of their own and their employer's obligations: A study of psychological contracts", *Journal of Organizational Behavior*,Vol.11,1990,pp.389-401.

② Freese C., Schalk R., "Implications of Differences in Psychological Contracts for Human Resources Management", *European Journal of Work and Organizational Psychology*,Vol.5,1996.

③ 彭川宇：《基于人口统计学特征的知识员工心理契约感知差异调查》，《工业技术经济》2008年第10期。

④ 王发明：《工作特性、人格特质与工作满意度关系的实证研究》，《重庆大学学报（社会科学版）》2010年第4期。

（一）性别的员工精神激励感知差异比较

对不同性别的石油企业精神激励感知的差异进行独立样本T检验（见表3—13）。男女员工的参与激励感知、成长与发展激励感知存在差异（P＜0.05），荣誉与晋升激励感知存在显著差异（P＜0.01）。男员工在成长与激励感知维度上的平均得分和荣誉与晋升激励感知维度上的平均得分稍高于女员工，女员工在参与激励感知上的平均得分高于男员工。

表3—13　　　　性别的石油企业员工精神激励感知差异性检验结果

	性别	人数	平均数	标准差	T值	P
参与激励感知	男	273	13.002	4.236	2.100*	0.036
	女	142	15.220	4.010		
成长与发展激励感知	男	273	25.210	3.110	2.502*	0.025
	女	142	20.040	3.204		
荣誉与晋升激励感知	男	273	16.018	4.415	2.124**	0.003
	女	142	12.562	4.231		

*P＜0.05，**P＜0.01。

（二）婚姻状况的员工精神激励感知差异比较

对婚姻状况不同的石油企业员工精神激励感知的差异进行独立样本T检验（见表3—14）。结果表明，婚姻状况不同的员工的参与激励感知不存在差异（P＞0.05），成长与发展激励感知和荣誉与晋升激励感知存在显著差异（P＜0.01）。已婚员工在成长与发展激励感知维度上的平均得分和在荣誉与晋升激励感知维度上的平均得分高于未婚员工，未婚员工在参与激励感知维度上的平均得分高于已婚员工。

表3—14　　　　婚姻状况的石油企业员工精神激励感知差异性检验结果

	婚姻状况	人数	平均数	标准差	T值	P
参与激励感知	已婚	273	12.141	3.406	2.410	0.102
	未婚	142	14.503	3.511		
成长与发展激励感知	已婚	273	24.208	3.202	2.310**	0.004
	未婚	142	20.220	3.131		
荣誉与晋升激励感知	已婚	273	17.228	3.425	2.503**	0.001
	未婚	142	15.854	3.330		

*P＜0.05，**P＜0.01。

（三） 年龄的员工精神激励感知差异比较

根据石油企业员工精神激励感知量表，在数据处理时将年龄段分为四组：第一组，20—29岁；第二组，30—39岁；第三组，40—49岁；第四组，50岁以上。对不同年龄的员工精神激励感知的差异进行方差分析（见表3—15）。结果表明，不同年龄组的员工在成长与发展激励感知维度上存在显著差异（$P < 0.01$），在参与激励感知维度和荣誉与晋升激励感知维度上存在差异（$P < 0.05$），在三个维度上的强度有所差别。

表3—15　　　　　年龄的石油企业员工精神激励感知差异性检验结果

	年龄	人数	平均数	标准差	F值	P
参与激励感知	20—29岁	133	15.226	1.103	5.020*	0.023
	30—39岁	147	14.207	1.112		
	40—49岁	83	12.580	2.309		
	50岁以上	52	10.442	2.124		
成长与发展激励感知	20—29岁	133	26.319	0.465	5.201**	0.004
	30—39岁	147	21.470	1.003		
	40—49岁	83	20.526	2.364		
	50岁以上	52	18.707	2.202		
荣誉与晋升激励感知	20—29岁	133	14.427	1.509	4.412*	0.012
	30—39岁	147	16.550	1.418		
	40—49岁	83	16.612	1.610		
	50岁以上	52	18.546	2.603		

*$P < 0.05$，**$P < 0.01$。

（四） 文化程度的员工精神激励感知差异比较

石油企业员工精神激励感知量表根据文化程度将员工分为五类，即高中及以下、专科、本科、硕士、博士。为了便于数据处理与分析，将高中及以下与专科合并为一类，统称为专科及以下，将博士与硕士合并为一类，统称为"本科以上"。因此，在数据处理时按文化程度将员工分为三类：专科及以下、本科、本科以上。对不同文化程度的员工精神激励感知的差异进行方差分析（见表3—16）。结果表明，不同文化程度的员工在参与激励感知维度和荣誉与晋升激励感知维度上存在差异（$P < 0.05$），在成

长与发展激励感知维度存在显著差异（P < 0.01）。

表3—16　　文化程度的石油企业员工精神激励感知差异性检验结果

	文化程度	人数	平均数	标准差	F值	P
参与激励感知	专科及以下	249	14.205	2.210	4.310*	0.020
	本科	99	16.034	2.515		
	本科以上	67	10.130	2.610		
成长与发展激励感知	专科及以下	249	21.303	1.402	5.312**	0.006
	本科	99	24.072	1.810		
	本科以上	67	18.515	2.404		
荣誉与晋升激励感知	专科及以下	249	16.218	2.510	3.516*	0.031
	本科	99	18.310	2.105		
	本科以上	67	15.124	1.012		

*P < 0.05，**P < 0.01。

（五）　工作年限的员工精神激励感知差异比较

石油企业员工精神激励感知量表根据员工的工作年限将员工分为三类，即1—5年、5—10年、10年以上。对不同工作年限的员工精神激励感知进行方差分析（见表3—17）。结果显示，不同工作年限的员工在荣誉与晋升激励感知维度上存在差异（P < 0.05），在参与激励感知维度和成长与发展激励感知维度上存在显著差异（P < 0.01）。

表3—17　　工作年限的石油企业员工精神激励感知差异性检验结果

	工作年限	人数	平均数	标准差	F值	P
参与激励感知	1—5年	112	15.501	2.310	3.312**	0.001
	5—10年	217	14.318	1.601		
	10年以上	86	12.520	1.707		
成长与发展激励感知	1—5年	112	22.031	2.010	4.102**	0.003
	5—10年	217	19.166	2.315		
	10年以上	86	18.019	2.400		
荣誉与晋升激励感知	1—5年	112	16.270	1.702	3.510*	0.023
	5—10年	217	18.708	1.6400		
	10年以上	86	18.810	0.415		

*P < 0.05，**P < 0.01。

（六） 年收入的员工精神激励感知差异比较

石油企业员工精神激励感知量表根据员工年收入的不同将员工分为四类，即2万元以下、2万—3万元、3万—5万元、5万元以上。对不同年收入的员工精神激励感知进行方差分析（见表3—18）。结果表明，不同年收入的员工在成长与发展激励感知维度和荣誉与晋升激励感知维度上存在显著差异（P<0.01），在参与激励感知维度上不存在差异（P>0.05）。

表3—18　　　　　年收入的石油企业员工精神激励感知差异性检验结果

	年收入	人数	平均数	标准差	F值	P
参与激励感知	2万元以下	76	16.205	2.190	4.150	0.055
	2万—3万元	122	15.32	2.109		
	3万—5万元	152	14.402	1.040		
	5万元以上	65	12.501	1.002		
成长与发展激励感知	2万元以下	76	25.05	2.008	4.014**	0.005
	2万—3万元	122	22.526	2.807		
	3万—5万元	152	20.142	1.603		
	5万元以上	65	18.402	1.702		
荣誉与晋升激励感知	2万元以下	76	18.17	2.714	3.500**	0.008
	2万—3万元	122	16.061	2.613		
	3万—5万元	152	15.11	1.410		
	5万元以上	65	14.56	2.505		

**P<0.01。

（七） 职务的员工精神激励感知差异比较

石油企业员工精神激励感知量表根据员工职务的不同将员工分为四类，即普通员工、基层管理人员、中层管理人员、高层管理人员，但在收集的数据样本中，中层管理人员与高层管理人员分别仅占10.4%和8.2%。为了便于数据的处理与分析，将中层管理人员与高层管理人员这两类员工合并为一类，统称为"中高层管理人员"。因此，在数据处理时按员工的职务将员工分为普通员工、基层管理人员、中高层管理人员三类。对不同职务的员工精神激励感知进行方差分析（见表3—19）。结果表明，不同职务的员工在成长与发展激励感知维度上存在显著差异（P＜0.01），在参与激励感知维度和荣誉与晋升激励感知维度上存在差异（P＜0.05）。

表3—19　　　职务的石油企业员工精神激励感知差异性检验结果

	职务	人数	平均数	标准差	F值	P
参与激励感知	普通员工	227	16.405	2.130	4.014*	0.015
	基层管理人员	117	14.550	1.405		
	中高层管理人员	77	14.140	0.908		
成长与发展激励感知	普通员工	227	22.030	2.610	4.150**	0.003
	基层管理人员	117	18.405	2.202		
	中高层管理人员	77	13.728	1.121		
荣誉与晋升激励感知	普通员工	227	18.140	1.405	3.210*	0.032
	基层管理人员	117	16.156	1.507		
	中高层管理人员	77	15.010	2.104		

*P＜0.05，**P＜0.01。

通过对不同人口统计学变量的石油企业员工的精神激励感知的差异分析的结果可以看出，石油企业员工的精神激励感知水平会因性别、婚姻状况、年龄、文化程度、工作年限、年收入、职务的不同而出现差异。

七　小结

本章的研究内容主要分为三个部分：

1. 完成了石油企业员工精神激励感知量表的编制

首先，通过对国内外成熟的员工精神激励研究的有关量表的对比分析，从中提炼出符合中国企业实际的量表题项，围绕培训激励、参与激励、晋升激励、荣誉激励、成长与发展激励、关系激励等精神激励的六种方式，编制石油企业员工精神激励感知初测量表。其次，就量表题项与中国石油企业员工展开广泛而深度的访谈，征求了石油企业员工和人力资源管理专家对于量表开发的意见，将石油企业的特色融入员工精神激励感知量表，并根据石油企业员工的整体知识水平及其对精神激励感知的认识程度，修改了量表的用词，使其更易于被石油企业员工接受。最后，通过对石油企业员工精神激励感知初测量表的预测试，对初测量表进行了修订，删除区分度较低和交叉重复的题项，确定了石油企业员工精神激励感知的测量题项，最终完成了石油企业员工精神激励感知正式量表的编制。

2. 完成了石油企业员工精神激励感知的结构分析

首先，运用石油企业员工精神激励感知量表，对石油企业员工施测，完成石油企业员工精神激励感知的数据的收集。其次，运用探索性因素分析方法对石油企业员工精神激励感知量表收集的数据进行分析，结果显示石油企业员工精神激励感知包含三个维度，根据各个维度包含的量表题项的共同特征将这三个维度命名为"参与激励感知"、"成长与发展激励感知"以及"荣誉与晋升激励感知"。最后，为了验证石油企业员工精神激励感知三维结构的科学性，运用验证性因素分析方法对石油企业员工精神激励感知量表收集的数据进行了分析，结果显示石油企业员工精神激励感知的三维结构是科学有效的。

3. 完成了石油企业员工精神激励感知的差异比较

具体考察的人口统计学变量有性别、婚姻状况、年龄、文化程度、工作年限、年收入、职务，其中对性别、婚姻状况作T检验，年龄、文化程度、工作年限、年收入、职务作F检验，结果显示石油企业员工精神激励感知会因人口统计学变量的不同而出现不同程度的差异。

第四章 员工组织公民行为研究

组织公民行为是一种有利于组织的角色外行为，由一系列非正式的合作行为构成。随着竞争加剧，组织结构扁平化，员工的组织公民行为越来越为企业管理者重视。近年来，国外学者对员工组织公民行为进行了大量的理论研究和实践探索，形成了比较成熟的理论体系，然而中国对这一领域的研究尚处于起步阶段。员工组织公民行为在很大程度上受文化的影响，西方已有的研究成果对于中国实际的普适性有待于进一步检验。本章旨在以西方成熟的员工组织公民行为理论为基础，对中国石油企业员工组织公民行为的具体表现形式进行研究，为石油企业管理者的管理决策提供理论依据。

一 员工组织公民行为研究的理论基础

贝特曼和奥根（1983）在创立组织公民行为概念时指出，组织公民行为的理论基础是社会交换理论（Social exchange theory）和个体的积极情感（Positive affective），后来的研究者在探究组织公民行为时继承了这一观点，并将"个体的积极情感"赋予了心理契约（Psychological contact）的概念。

（一）社会交换理论

交换理论是由巴纳德（1938）提出的，后来得到了骑和西蒙（March & Simon，1958）的完善，其主要观点为，个体用自己的贡献与组织所提供的某种报酬构成交换关系。布劳（Blau，1964）将人类的交换行为区分为经济交换和社会交换两种形式。经济交换行为是建立在一个明确列出交换物数量的契约之上；社会交换行为是建立在信任基础上的一种个人的自愿行为，其动力是为了获取回报，社会交换的回报是模糊的义务行为，对方有无回报是不确定的，因此，信任，即相信对方会在适当的时机有所回报，就成为社会交换的必要条件。社会交换理论认为，组织管理者提供给员工工作上的支持与货币形式的报酬，而员工表现为对工作的热诚和贡献自己的才智，管理者与员工通过彼此的交换获得所需的利益，而组织公民行为是员工自发产生的，超越了组织正式角色规范、没有得到组织中正式报酬系统直接或明确的回报，但从总体上提升了组织绩效。显然，员工组织公民行为就是一种基于社会交换的意愿性回报行动，其动机本质上就是一种社会交换。①

组织公民行为是员工与组织之间社会交换关系变化的指示器，相对于职责范围内的工作绩效而言，组织公民行为对员工与组织之间的社会交换关系更为敏感，在这种社会交换关系中，员工通过组织公民行为回报组织提供的良好的工作条件或待遇，或者期望组织能够履行对工作条件或待遇的承诺。组织公民行为作为一种员工可以自由选择、酌情增减的行为，非常适合在社会交换关系中与组织进行博弈的需要。根据社会交换理论，员工与组织的社会交换关系可以划分为两类：（1）员工与组织之间的社会交换，即组织支持；（2）员工与直接主管之间的社会交换，即领导——成员交换。②从组织支持的层面看，管理者与员工会通过彼此的交换获得所需的利益。如果管理者能够为员工提供工作上的支持与货币形式的报酬，让员工感受到来自组织的支持与关怀，员工将通过提高自身的工作绩效来回报组织；如果员工觉得自己对组织的贡献和从组织获取的收益是平衡的，其会认为受到了组织公平的待遇，这时就会表现出有利于组织的公民行为。从领导——成员交换层面看，如果主管人员与下属之间建立了相互尊重、相互信任的关系，员工就会产生"圈内人"的感觉，这种情况下员工愿意为主管付出额外的努力。如果客观条件限制了员工不能持续地改进绩效，

① 徐长江、时勘：《对组织公民行为的争议和思考》，《管理评论》2004年第3期。

② 李燕娜：《创业企业人力资源实践对组织公民行为的影响》，博士学位论文，浙江大学，2007年。

员工就会寻找其他途径来回报组织，比如表现出组织公民行为。①正如奥根（1988）所指出的那样，正式的工作职责内的行为由于受到职位说明书和组织中的规章制度的限制，员工无法对这类行为进行自由删减，即员工无论得到满意的待遇还是不满意的待遇，其都可能保持相同水平的职业内的行为。因此，通过观察员工的组织公民行为，特别是组织公民行为的变化，更能够清楚地反映出员工与组织的社会交换关系的变化。②由此可见，组织公民行为是一种基于社会交换的意愿性回报行动，其行为动机可能是利于组织的，也可能是利于自己的，因为组织公民行为的主要动机之一就是心理契约中包含的员工对未来回报的预期。另外，尽管组织公民行为不会得到正式或明确的报酬，然而管理者可以借助其他间接的或隐性的回报来鼓励员工表现出组织公民行为，如管理者在对员工进行加薪或晋升时会优先考虑表现出更多组织公民行为的员工。员工对未来可能获得的回报的期待激励其采取事前主动式的回报，以增加组织未来履行责任的可能性，而履行组织公民行为正是员工回报的行为表现。

（二） 心理契约理论

心理契约的概念最早源于社会心理学研究，用来强调产生于双方之间的一种内在的、未曾表述的期望，体现了员工与组织之间责任和义务交换关系，是书面契约的有效补充。健康的心理契约有利于维系组织与员工之间的雇佣关系，建立和谐的组织氛围，从而增强员工对组织的归属感，提高员工对工作的满意度，调动员工的积极性和改进工作绩效。20世纪60年代，心理契约的概念被引入管理领域。阿吉里斯（Argyris）在《理解组织行为》一书中使用了"心理的工作契约"，强调在员工与组织的相互关系中，除正式雇佣契约规定的内容外，还存在着隐含的、非正式的、未公开说明的相互期望，它们同样是决定员工态度和行为的重要因素。其后，许多学者对此进行了研究，沙因（Schein）认为心理契约是组织中每个成员和管理者以及其他人之间在任何时候都存在的没用明文规定的一整套期望。鲁索认为心理契约的实质是当事者的主观信念，是一个在实践中逐步构建的过程。莫里森和鲁宾逊（Monison&Robinson）认为心理契约是员工对自己

---

① 刘媛：《心理契约对组织公民行为的影响分析》，《商场现代化》2008年第3期。
② 谭清蓉：《心理契约与组织公民行为》，《管理观察》2009年第5期。

和组织之间的相互责任和义务的想法和概念，而这些责任和义务是基于可以预料的和可见的承诺，但这些承诺未必必然被组织的代理人所认识到。罗秋明认为心理契约是组织与员工之间关于信任和义务、互惠、交换的一种隐含的、非正式的、未公开说明的主观心理约定。这种约定一方面反映了组织成员加入组织中获得回报、提升、自我实现等；另一方面反映了组织对员工的一种期望，如希望员工对组织忠诚、尽责等。[①]由此可见，心理契约是员工工作态度和工作行为的决定性因素，它不是以文字的形式呈现的，而纯粹是员工的一种心理状态，一种期望和信念。当员工和组织形成心理契约之后，员工就会对组织抱有这样的期望和信念，即组织必须为员工的努力提供某种回报，并且负有某些应尽的义务，而当组织履行义务时，员工对于组织也必须有适当的回报。当组织满足员工的期望，保持员工与组织之间的心理契约关系时，员工会有更高水平的组织支持感、感情承诺、角色内和角色外绩效以及更低水平的离职倾向。

大量关于心理契约理论的研究证实了心理契约对于组织公民行为的正向影响作用。特恩利（Turnley）等的研究发现，心理契约的履行特别是员工所感知的心理契约履行显著影响员工的绩效和组织公民行为。组织对员工心理契约履行程度不同，员工的组织公民行为表现会有显著差异，即组织对员工的心理契约履行程度越高，员工的组织公民行为表现越好。尽管心理契约的履行程度会影响员工组织公民行为，但心理契约的违背与员工组织公民行为的相关程度更高。鲁宾逊等的研究发现心理契约的违背与员工组织公民行为之间存在负向相关。鲁宾逊和莫里森（1995）研究发现，当员工认为组织未履行其心理契约的义务时，其公民美德行为就会下降。这缘于组织违反心理契约使员工感到沮丧，并感到自己被出卖，会觉得组织破坏了程序上或分配上的公正性，致使员工公民美德行为的动机水平下降。[②]心理契约违背一方面会直接地对工作绩效产生一定的消极影响，另一方面会通过组织公民行为间接地对工作绩效产生显著的消极影响。员工的心理契约违背感知会降低员工对企业的承诺水平以及角色内和角色外绩

---

① 罗秋明：《论心理契约与组织公民行为的关系》，《湖南工业大学学报（社会科学版）》2009年第4期。

② Robinson S.L., Morrison E.W., "Psychological Contacts and OCB: The Effects of Unfulfilled Obligations on Civil Virtue Behavior", *Journal of Organizational ehavior*, Vol.16, 1995, pp.289-298.

效，增强他们的离职意愿，并拒绝采取组织公民行为。

（三）　组织气候论

组织气候是组织内部环境相对持久的特性，它能够被组织内部成员直接或间接地感知，进而影响员工的行为动机和工作表现。组织气候可以帮助管理者掌握和改进组织行为模式，激发员工有利的行为动机，从而提高组织效率，有效达成组织目标。[1]霍桑试验让研究者发现软性心理环境的重要性，组织气候的研究正是由此而生。卢因（Lewin）等提出团体氛围或气候的概念，将其定义为组织中个体的共同知觉或个体所形成的认知地图之间相同或相似的部分。[2]自卢因以心理气候（Psychological climate）来说明人类行为与一般环境之间的动态关系以来，关于组织气候的研究便在心理学和组织行为学领域兴起。学者们从不同角度对组织气候进行了定义和研究，大致可以归纳为四类：（1）从组织气候整体性角度定义[3]；（2）从组织气候的形成原因及其内涵角度定义[4]；（3）从组织气候作用的角度定义[5]；（4）从组织气候综合特征的角度定义。[6]然而，仅从某一个角度对组织气候进行解释有失偏颇，陈维政、李金平等结合西方学者和中国台湾学者许士军的

---

① Parker C. P., Baltes B. B., Young S. A., et al. "Relationships between psychological climate perceptions and work outcomes:A meta-analytic review", *Journal of Organizational Behavior*,Vol. 24,No.4, 2003, pp.389-416; Dessler G, *Organizational and Management: A contingency approach*, Englewood Cliffs, N J: Prentice Hall ,1976,pp.185-187.

② Lewin K., Lippit R., White R. K., "Patterns of aggressive behavior in experimentally created 'Social Climate'", *Journal of Social Psychology*,Vol. 10,No.2,1939,pp.271-301.

③ ArgyrisC., "Some problems in conceptualizing organizational climate: A case study of a bank", *Administrative Science Quarterly*, Vol.2,No.4,1958,pp.501-520.

④ Schneider B., Snyde R. A., "Some Relationships between Job Satisfaction and Organizational Climate", *Journal of Applied Psychology*,Vol. 60,No.3,1975,pp.318-325; Schneider B., Reichers A. E., "On the Etiology of Climates", *Ames, Personnel Psychology*, Vol. 36,No.1,1983,pp.19-39.

⑤ Prichard R. D., Karasick B. W., "The Effects of Organizational Climate on Managerial Job Performance and Job Satisfaction", *Organizational Behavior and Human Performance*, Vol. 9,1973,pp.126-146; 许士军、黎史：《组织气候尺度在我国企业机构的适用性探讨》，《"国立"政治大学学报》1972年第26期。

⑥ Forehand G. A., Vonhallergilmer B., "Environmental Variation in Studies of Organizational Behavior ", *Psychological Bulletin*,Vol. 62,No.2,1964,pp.361-382.

定义①提出了一个综合性的定义，即组织气候是关于一个组织内部环境的相对持久的特性，是一个组织所具有的独特的风格，是一系列可测量的工作环境属性的集合，是一个多维度的概念，它能够被组织内部成员直接或间接地感知，能够通过组织成员的主观感觉进行测量；同时，它能够通过组织成员的知觉影响员工的行为动机和工作表现，是组织系统与组织内部人员行为之间的桥梁。②布里夫和莫特维多（Brief & Motowidlo，1986）及奥根（1988）回顾了若干文献，一致认为与绩效有关的行为受到各种激励认知来源的影响，如员工的工作满意度、工作特性、管理形态与组织气候。奥根（1988）将员工组织公民行为视为个人的投入，而将增加或减少组织公民行为视为对不公平情境的一种反应。科佩尔曼、布里夫和古佐（Kopelman、Brief & Guzzo，1990）认为组织公民行为是一种与绩效有关的行为，而且受到不同的组织气候层面的影响。卜志鹏（1996）认为组织气候与组织公民行为之间呈显著的正相关关系。组织气候越佳，员工所表现的组织公民行为越强烈，其中以支持和责任最具解释力，即组织员工间的支持氛围越浓厚及组织越重视个人责任，员工越容易表现出组织公民行为。徐赫良（1999）指出企业伦理气候与工作满足、组织承诺、组织公民行为呈显著的正相关关系，即企业的伦理气候越强，员工所感受到的工作满足、组织承诺越高，所表现出的组织公民行为的程度就越大。蔡百仓（2000）研究发现，伦理气候与组织公民行为呈显著的正相关关系，当员工感受到组织内部各项制度的公平性越高，其越容易表现出组织公民行为。蔡立旭（2000）研究发现，组织气候中的人情、支持层面与员工自我效能有关。员工应注重彼此之间的友谊，培养组织内温馨的气氛，无论是主管和下属之间，还是基层员工彼此之间，若能在工作上相互协助、鼓励，则有助于自我效能的表现。孙淑芬（2001）研究结果显示，在强调团队导向的企业文化中，工作动机倾向越强的员工越容易产生组织公民行为。从以上学者的研究结果可以看出，组织气候与组织公民行为存在相关关系。企业应营造适宜的组织气候，改善员工对环境的知觉，让员工在共识的环境中发展，有助于表现出组织公民

---

① 许士军：《工作满足个人特征与组织气候——文献探讨及实证研究》，《"国立"政治大学学报》1977年第5期。

② 陈维政、李金平、吴继红：《组织气候对员工工作投入及组织承诺的影响作用研究》，《管理科学》2006年第6期。

行为。①

二　员工组织公民行为量表的编制

本书采用问卷调查的方法对石油企业员工组织公民行为的主要表现形式进行探讨，以识别石油企业员工组织公民行为的维度。通过编制的石油企业员工组织公民行为量表完成石油企业员工的问卷调查，旨在探讨石油企业员工组织公民行为的维度，进而确定每个维度包含的题项，以此为依据对量表的效度和信度进行检验。具体做法是：

第一阶段：编制初测量表。结合文献分析和与部分石油企业员工进行的访谈编制开放式问卷，在石油企业小范围内施测，尽可能多地收集反映石油企业员工组织公民行为的题项，并召开专题会议，请人力资源管理专家和石油企业员工座谈，对收集到的题项进行详细的语义分析，删除表达不清、有歧义、意义重叠的题项，形成石油企业员工组织公民行为初测量表。

第二阶段：预测试。使用石油企业员工组织公民行为初测量表进行测试，采用项目分析的方法识别石油企业员工组织公民行为初测量表各个题项的项目区分度，删除项目区分度低于0.25的题项，修订初测量表，从而形成石油企业员工组织公民行为正式量表。

第三阶段：正式施测。使用石油企业员工组织公民行为正式量表进行测试，首先，借助统计分析软件SPSS17.0，运用探索性因素分析方法来探索石油企业员工组织公民行为的维度，采用因子分析的方法确定石油企业员工组织公民行为的维度；其次，借助统计分析软件AMOS17.0，运用验证性因素分析方法对石油企业员工组织公民行为的维度进行验证，并构建石油企业员工组织公民行为模型。

（一）员工组织公民行为量表的初步确定

由于研究者们对组织公民行为的认知或研究对象不同，开发出的组织公民行为量表也不同。纵观以往的组织公民行为研究，组织公民行为量表的开发主要有三种途径：（1）从访谈中获取，如史密斯和奥根根据访谈结

①　罗明亮：《组织公民行为研究——理论与实证》，经济管理出版社2007年版。

果，编制了包含利他行为和普遍服从两个维度的组织公民行为量表，这也是最早的组织公民行为量表。（2）利用其他较为成熟的行为量表。如斯达利克和莱瑟姆（Sdarlicki & Latham）认为，不同的工作背景应使用不同的测量工具，因而他们利用行为观察量表测量员工的组织公民行为。（3）针对某一特定目的，对现有的组织公民行为量表作进一步的修改而形成新的组织公民行为量表，大多数研究属于这种情况。如麦肯齐和费特（MaCkenzie & Fetter）参考奥根所提出的五维结构量表，开发了测量代理商的组织公民行为量表，包含帮助行为、文明礼貌、运动员精神和公民道德四个维度；穆尔曼和布莱克利编制了包含人际帮助、个体进取心、个人努力以及责任心的组织公民行为量表；帕得萨克编制了包括帮助行为、运动员精神、公民美德三方面内容的组织公民行为量表。然而，国外成熟的组织公民行为量表多以欧美文化为背景，其题项内容反映的是西方企业实践中的经验和内涵。西方企业在文化、发展阶段、发展模式、员工素质等方面与中国企业存在明显的差异，西方企业员工组织公民行为的表现形式与中国企业员工有很大差别，即使翻译准确，也很难准确地测量中国企业员工的组织公民行为，因此国外成熟的组织公民行为量表在中国的应用范围和价值存在局限性。本书主张编制针对石油企业实际情况的组织公民行为量表。本书在编制石油企业员工组织公民行为量表的过程中，参照罗明亮（2007）的组织公民行为量表，严格遵循借鉴性原则、实际性原则、重要性原则、简明性原则、流畅性原则，对题项进行筛选、修订，最终确定了石油企业员工组织公民行为初测量表的31个题项。

表4—1 石油企业员工组织公民行为初测量表

题项 \ 选项	非常不符合	不符合	不确定	符合	非常符合
1. 积极参与各项社会公益活动，如献血或植树	1	2	3	4	5
2. 维护公司团结，不在背后批评同事或上司	1	2	3	4	5
3. 自觉参加企业组织的义务活动	1	2	3	4	5
4. 积极组织参与员工自发的联谊活动，如聚会或郊游	1	2	3	4	5
5. 主动美化工作环境，如参与绿化	1	2	3	4	5
6. 积极参加各类培训学习，甚至在下班后自费进修	1	2	3	4	5

题项　　　　　　　选项	非常不符合	不符合	不确定	符合	非常符合
7. 主动承担工作以外的任务和责任	1	2	3	4	5
8. 经常提前上班，并着手处理工作	1	2	3	4	5
9. 对本职工作抱有钻研精神，精益求精	1	2	3	4	5
10. 热心赞助社会上的各种公益募捐活动	1	2	3	4	5
11. 为了工作，利用业余时间学习	1	2	3	4	5
12. 在干好干坏一个样的情况下，仍认真负责地工作	1	2	3	4	5
13. 主动提出对企业发展有利的合理化建议	1	2	3	4	5
14. 主动要求加班	1	2	3	4	5
15. 协助同事解决生活中的实际困难	1	2	3	4	5
16. 当同事出现困难时，主动给予帮助	1	2	3	4	5
17. 当同事负担过重时，会自愿提供帮助	1	2	3	4	5
18. 即使得罪领导，也会如实地向他汇报工作中出现的困难	1	2	3	4	5
19. 主动向领导提出改善工作的建议	1	2	3	4	5
20. 总是认真参加与工作有关的会议	1	2	3	4	5
21. 用高的专业水准要求自己	1	2	3	4	5
22. 在被要求之前就主动解决工作问题	1	2	3	4	5
23. 认真读本部门的宣传栏或海报	1	2	3	4	5
24. 节约使用企业的资源，如水、电、办公用品	1	2	3	4	5
25. 主动向外界介绍或宣传企业的优点	1	2	3	4	5
26. 为维护公司的公众形象，注重个人的仪表及行为	1	2	3	4	5
27. 愿意在社会上以自己美好的形象为企业添光彩	1	2	3	4	5
28. 在企业举办的各项课程中积极而认真地学习	1	2	3	4	5
29. 与企业内各种不良现象作斗争	1	2	3	4	5
30. 当工作出现差错时及时让领导知道	1	2	3	4	5
31. 乐于帮助同事解决工作上的问题	1	2	3	4	5

（二）员工组织公民行为量表的预测试

表4—2　　石油企业员工组织公民行为量表预测试样本的描述性统计

项目	类别	人数	人数百分比（%）
性别	男	110	59.5
	女	75	40.5
婚姻状况	未婚	61	33.0
	已婚	124	67.0
年龄	20—29岁	51	27.6
	30—39岁	47	25.4
	40—49岁	55	29.7
	50岁以上	32	17.3
文化程度	高中以下	36	19.5
	专科	90	48.6
	本科	35	18.9
	硕士	18	9.7
	博士	6	3.2
工作年限	1—5年	40	21.6
	5—10年	67	36.2
	10年以上	78	42.2
年收入	2万元以下	54	29.2
	2万—3万元	61	33.0
	3万—5万元	40	21.6
	5万元以上	30	16.2
职务	普通员工	103	55.7
	基层管理人员	40	21.6
	中层管理人员	26	14.1
	高层管理人员	16	8.6

续表

项目	类别	人数	人数百分比（%）
组织规模	100人以下	0	0
	100—500人	185	100
	500—1000人	0	0
	1000人以上	0	0

石油企业员工组织公民行为量表采用李克特5级量表格式，量表中可供选择的答案如下：如果您认为该题项所说内容"非常不符合"工作实际，请选1；如果您认为该题项所说内容"不符合"工作实际，请选2；如果您认为该题项所说内容"不确定"符合工作实际，请选3；如果您认为该题项所说内容"符合"工作实际，请选4；如果您认为该题项所说内容"非常符合"工作实际，请选5。石油企业员工组织公民行为量表预测试的目的是根据预测试的结果，删除、修订石油企业员工组织公民行为初测量表的相关题项，完成石油企业员工组织公民行为量表的编制。本书运用统计分析软件SPSS17.0采用相关分析的方法对量表题项进行项目分析，主要是借助题项得分与量表总分之间的相关系数对各题项与量表的一致性进行检验。若某个题项的得分与量表总分的相关系数在0.25以上，就认为该题项是具有较高区分度的，表明其能够很好地发挥测量效力，保留此题项；反之，某个题项的得分与量表总分的相关系数小于0.25，就认为该题项的区分度较低，表明其测量效力较差，删除此题项。预测试的过程如下：首先，将石油企业员工组织公民行为初测量表装订成册，在一家石油企业同步发放240份，回收215份，回收率为89.6%，其中有效问卷185份，有效率为86.0%。其次，项目区分度分析。石油企业员工组织公民行为初测量表项目区分度分析的结果表明，量表个别题项的区分度没有达到技术要求，其中题项1、8、10、16、20、23、28与量表总分之间的相关关系不显著，说明这7个题项对员工组织公民行为的解释力不足，题项14、21的项目区分度低于0.25，表明初测量表还不是一个有效的量表，必须参照量表的修订原则进行修订。

表4—3　　　　　石油企业员工组织公民行为初测量表项目区分度分析

题目	与组织公民行为量表总分之间的相关	题目	与组织公民行为量表总分之间的相关
1	0.307	17	0.542**
2	0.368*	18	0.355*
3	0.513**	19	0.509**
4	0.430**	20	0.601
5	0.502**	21	0.210*
6	0.350*	22	0.608**
7	0.472**	23	0.534
8	0.304	24	0.607*
9	0.570**	25	0.616*
10	0.524	26	0.518**
11	0.552*	27	0.512*
12	0.602**	28	0.615
13	0.525**	29	0.450*
14	0.202*	30	0.351**
15	0.610*	31	0.535**
16	0.505		

*$P < 0.05$，　**$P < 0.01$。

（三）　员工组织公民行为量表的修订

深入分析石油企业员工组织公民行为初测量表中存在异议的题项，发现石油企业员工对题项1、8、10、16、20、23、28所测内容的认同度不高，题项14、21则存在交叉、重复的题项，导致了石油企业员工判断上的偏差，故遵循量表修订的原则，删除题项1、8、10、14、16、20、21、23、28，保留剩余的22个题项。请人力资源专家和石油企业员工对剩余22个题项的语义、普适性及重要性进行审核，接着进行第二次预测试，第二次预测试仍在该石油企业进行，发放问卷200份，收回175份，回收率87.5%，其中有效问卷160份，有效率91.4%。第二次预测试的结果显示，量表每个题项的项目区分度均在0.25以上，表明石油企业员工组织公民行为量表已经是一个有效的问卷。根据预测试的结果完成石油企业员工组织公民行为量表的修订，得到石油企业员工组织公民行为正式量表（见表4—4）。

表4—4　　　　　　　　　　**石油企业员工组织公民行为正式量表**

选项 题项	非常不符合	不符合	不确定	符合	非常符合
1. 维护公司团结，不在背后批评同事或上司	1	2	3	4	5
2. 自觉参加企业组织的义务活动	1	2	3	4	5
3. 积极组织参与员工自发的联谊活动，如聚会或郊游	1	2	3	4	5
4. 主动美化工作环境，如参与绿化	1	2	3	4	5
5. 积极参加各类培训学习，甚至在下班后自费进修	1	2	3	4	5
6. 主动承担工作以外的任务和责任	1	2	3	4	5
7. 对本职工作抱有钻研精神，精益求精	1	2	3	4	5
8. 为了工作，利用业余时间学习	1	2	3	4	5
9. 在干好干坏一个样的情况下，仍认真负责地工作	1	2	3	4	5
10. 主动提出对企业发展有利的合理化建议	1	2	3	4	5
11. 协助同事解决生活中的实际困难	1	2	3	4	5
12. 当同事负担过重时，会自愿提供帮助	1	2	3	4	5
13. 即使得罪领导，也会如实地向他汇报工作中出现 的困难	1	2	3	4	5
14. 主动向领导提出改善工作的建议	1	2	3	4	5
15. 在被要求之前就主动解决工作问题	1	2	3	4	5
16. 节约使用企业的资源，如水、电、办公用品	1	2	3	4	5
17. 主动向外界介绍或宣传企业的优点	1	2	3	4	5
18. 为维护公司的公众形象，注重个人的仪表及行为	1	2	3	4	5
19. 愿意在社会上以自己美好的形象为企业添光彩	1	2	3	4	5
20. 与企业内各种不良现象作斗争	1	2	3	4	5
21. 当工作出现差错时及时让领导知道	1	2	3	4	5
22. 乐于帮助同事解决工作上的问题	1	2	3	4	5

三　员工组织公民行为维度研究

（一）　数据的收集与整理

　　为了识别石油企业员工组织公民行为的具体表现形式，探究石油企业员工组织公民行为的结构，本书运用石油企业员工组织公民行为正式量表对石油企业员工进行问卷调查。本次调查的对象为胜利油田、塔里木油田、川庆钻探公司、中原油田井下作业公司等四家石油企业的部分员工，涵盖了生产、科研、销售、后勤等不同岗位，累计发放纸质问卷350份，电子问卷110份，收回335份，回收率72.8%，有效问卷295份，有效率88.1%（见表4—5）。本书将石油企业员工组织公民行为量表收集到的数据进行分半处理，一半进行探索性因素分析，另一半进行验证性因素分析。

表4—5　　　石油企业员工组织公民行为正式量表调查样本的描述性统计

项目	类别	人数	人数百分比（%）
性别	男	170	57.6
	女	125	42.4
婚姻状况	未婚	83	28.1
	已婚	212	71.9
年龄	20—29岁	72	24.4
	30—39岁	99	33.6
	40—49岁	83	28.1
	50岁以上	41	13.9
文化程度	高中以下	50	16.9
	专科	133	45.1
	本科	57	19.3
	硕士	36	12.2
	博士	19	6.4
工作年限	1—5年	71	24.1
	5—10年	94	31.9
	10年以上	130	44.1
年收入	2万元以下	63	21.4
	2万—3万元	89	30.2
	3万—5万元	58	19.7
	5万元以上	85	28.8
职务	普通员工	206	69.8
	基层管理人员	48	16.3
	中层管理人员	27	9.2
	高层管理人员	14	4.7
组织规模	100人以下	45	15.3
	100—500人	85	28.8
	500—1000人	102	34.6
	1000人以上	63	21.4

（二）　探索性因素分析

本书仍然运用探索性因素分析方法，借助统计分析软件SPSS17.0来探讨石油企业员工组织公民行为的维度。探索性因素分析的流程主要是：用最大似然法提取特征值大于1的共同因素，再以Varimax最大方差旋转法处理，使旋转后每一共同因素的题项负荷量大小相差尽量达到最大，以利于共同因素的辨认和命名。

1. KMO值分析和Bartlett球体检验

KMO值分析和Bartlett球体检验是进行探索性因素分析的第一步，只有KMO的值大于0.5，并且Bartlett球体检验证明所取数据来自正态分布总体时才能进行探索性因素分析。从表4—6可以看出石油企业员工组织公民行为量表的KMO=0.856＞0.5，Bartlett检验的F值均等于0.000，表明数据来自正态分布总体，适合进行探索性因素分析。

表 4—6　　　　　　　　组织公民行为量表KMO 和 Bartlett球体检验

Kaiser-Meyer-Olkin 样本适当性度量		0.856
Bartlett球体检验	近似卡方分布	264.92
	自由度	65
	显著性水平	0.000

2. 因子提取

本书采用因子分析提取石油企业员工组织公民行为的主要因子。石油企业员工组织公民行为量表中特征值大于1的因子共有5个，共解释总方差82.809%。理想的因子结构是以较少的因子来模拟大量无序的数据，以降低数据的复杂性，使因子的解释力达到最强。本书遵循这一原则，以特征值大于1为选取标准，将石油企业员工精神激励感知的共同因子归纳为5个，累积贡献率达到82.809%。（见表4—7）

表4—7   石油企业员工组织公民行为因子分析

因素	特征值	贡献率（%）	累积贡献率（%）
1	6.205	19.201	19.201
2	3.427	16.505	35.706
3	1.740	16.237	51.943
4	1.441	15.514	67.457
5	1.380	15.352	82.809
6	0.603		
7	0.561		
8	0.513		
9	0.502		
10	0.460		
11	0.443		
12	0.432		
13	0.405		
14	0.401		
15	0.375		
16	0.354		
17	0.303		
18	0.268		
19	0.254		
20	0.150		
21	0.132		
22	0.110		

3. 因子旋转

为了进一步对因子作出解释，本书采用最大方差旋转方法对因子提取得到的因子负荷矩阵进行旋转变换，得到旋转后的因子负荷矩阵。（见表4—8）

表4—8　　　　　　　　　　旋转后的因子负荷矩阵

项目	因子1	因子2	因子3	因子4	因子5
B8	0.667				
B5	0.614				
B10	0.607				
B15	0.543				
B6	0.510				
B4		0.707			
B2		0.675			
B3		0.630			
B1		0.505			
B7		0.462			
B14			0.702		
B20			0.619		
B21			0.571		
B13			0.472		
B9				0.639	
B18				0.621	
B16				0.575	
B19				0.516	
B17				0.459	
B11					0.655
B12					0.640
B22					0.550

　　从表4—7、表4—8可以看出，第一个因子的特征值是6.205，对员工组织公民行为总变异的贡献率为19.201%，其包含题项5、6、8、10、15，主要描述员工为了提高个人任务和组织绩效，主动探索和完成与工作相关的问题，本书将其命名为"积极主动"；第二个因子的特征值是3.427，对员工组织公民行为总变异的贡献率为16.505%，其包含题项1、2、3、4、7，主要描述员工积极热心地参与组织的各项活动、热爱集体、认真对待组织布置的各项社会公益活动，本书将其命名为"组织参与"；第三个因子的

特征值是1.740，对员工组织公民行为总变异的贡献率为16.237%，其包含题项13、14、20、21，主要描述员工关于工作的责任感以及员工为了集体利益敢于对组织策略发表自己的意见，本书将其命名为"表达意见"；第四个因子的特征值是1.441，对员工组织公民行为总变异的贡献率为15.514%，其包含题项9、16、17、18、19，主要描述员工维护组织的公众形象，向外界传播良好意愿和认同、支持及维护组织的目标，本书将其命名为"组织忠诚"；第五个因子的特征值是1.380，对员工组织公民行为总变异的贡献率为15.352%，其包含题项11、12、22，主要描述员工主动帮助同事完成工作任务、解决生活困难等，本书将其命名为"助人行为"。（见表4—9）

表4—9　　　　　　　石油企业员工组织公民行为的维度及所含题项

维度	维度含义	包含题项
积极主动	员工为了提高个人任务和组织绩效，主动探索和完成与工作相关的问题	积极参加各类培训学习，甚至在下班后自费进修
		主动承担工作以外的任务和责任
		为了工作，利用业余时间学习
		主动提出对企业发展有利的合理化建议
		在被要求之前就主动解决工作问题
组织参与	员工积极热心地参与组织的各项活动，热爱集体，认真对待组织分配的各项社会公益活动	维护公司团结，不在背后批评同事或上司
		自觉参加企业组织的义务活动
		积极组织参与员工自发的联谊活动，如聚会或郊游
		主动美化工作环境，如参与绿化
		对本职工作抱有钻研精神，精益求精
表达意见	员工关于工作的责任感以及员工为了集体利益敢于对组织策略发表自己的意见	即使得罪领导，也会如实地向他汇报工作中出现的困难
		主动向领导提出改善工作的建议
		与企业内各种不良现象作斗争
		当工作出现差错时及时让领导知道
组织忠诚	员工维护组织的公众形象，向外界传播良好意愿和认同、支持及维护组织的目标	在干好干坏一个样的情况下，仍认真负责地工作
		节约使用企业的资源，如水、电、办公用品
		主动向外界介绍或宣传企业的优点
		为维护公司的公众形象，注重个人的仪表及行为
		愿意在社会上以自己美好的形象为企业添光彩

续表

维度	维度含义	包含题项
助人行为	员工主动帮助同事完成工作任务、解决生活困难等	协助同事解决生活中的实际困难
		当同事负担过重时，会自愿提供帮助
		乐于帮助同事解决工作上的问题

（三） 信度分析

第一步，本书仍采用克朗巴哈系数作为检验石油企业员工组织公民行为量表的工具来检验石油企业员工组织公民行为量表的内部一致性（见表4—10）。从表4—10可以看出，组织公民行为量表总体及其各个维度的克朗巴哈系数均在0.7以上，表明石油企业员工组织公民行为量表具有较高的信度。

表4—10　　　　　　　　　　员工组织公民行为量表信度检验

	量表测试条目	克朗巴哈
组织公民行为	22	0.758
积极主动	5	0.860
组织参与	5	0.813
表达意见	4	0.715
组织忠诚	5	0.805
助人行为	3	0.760

第二步，检验石油企业员工组织公民行为各个维度之间的相关程度及各维度与组织公民行为总体之间的相关程度（见表4—11）。结果显示，石油企业员工组织公民行为各维度间均呈显著的正相关关系，说明各个维度的测量方向是一致的，且彼此独立，各个维度与组织公民行为总体的相关关系也都达到了显著水平，表明各个维度与总量表的整体概念具有较好的一致性。

表4—11　　　　　　　　　员工组织公民行为各维度间的相关系数

	积极主动	组织参与	表达意见	组织忠诚	助人行为
积极主动	1				
组织参与	0.303*	1			
表达意见	0.315**	0.405**	1		
组织忠诚	0.312**	0.413*	0.305**	1	
助人行为	0.410*	0.340*	0.322*	0.561**	1
组织公民行为	0.330*	0.412**	0.357*	0.502*	0.349**

*P＜0.05，**P＜0.01。

（四）　验证性因素分析

石油企业员工组织公民行为的结构验证遵循验证性因素分析的原理，分为两步，即模型构建、模型拟合与评价。

1. 模型构建

通过对石油企业员工组织公民行为的探索性因素分析，将石油企业员工组织公民行为分为五个维度，即积极主动、组织参与、表达意见、组织忠诚、助人行为。由此，本书提出石油企业员工组织公民行为的结构模型（见图4—1），根据结构方程模型的原理，积极主动、组织参与、表达意见、组织忠诚、助人行为表示外生潜变量，B_1，B_2，…，B_{22} 表示外生标志。

2. 模型拟合与评价

首先，本书根据结构方程模型中测量方程模型的原理，在石油企业员工组织公民行为结构模型的基础上，构建石油企业员工组织公民行为测量模型（见图4—2）。ξ_1表示石油企业员工积极主动维度；ξ_2表示石油企业员工组织参与维度；ξ_3表示石油企业员工表达意见维度；ξ_4表示石油企业员工组织忠诚维度；ξ_5表示石油企业员工助人行为维度；x_1，x_2，…，x_{22}表示石油企业员工组织公民行为量表各个题项的得分；δ_1，δ_2，…，δ_{22}表示石油企业员工组织公民行为量表各个题项的测量误差；Φ_1，Φ_2，…，Φ_5表示石油企业员工组织公民行为各维度的相关程度。其次，以石油企业员工组织公民行为量表得到的另一半数据为样本，使用AMOS17.0对石油企业员工组织公民行为测量模型进行运算（见图4—3）。最后，采用χ^2、χ^2/df、GFI、AGFI、NFI、IFI、CFI、RMSEA等指标对石油企业员工组织公民行为模型进行评价。

AMOS17.0对石油企业员工组织公民行为模型进行拟合后的各项拟合指数显示，石油企业员工组织公民行为五维结构的拟合指数均达到了较高的拟合水平，说明石油企业员工组织公民行为的五维结构是科学、有效的。（见表4—12）

表4—12　　　　　　　　石油企业员工组织公民行为模型的拟合指数表

x^2	x^2/df	GFI	AGFI	NFI	IFI	CFI	RMSEA
234.50	4.30	0.94	0.90	0.86	0.89	0.85	0.03

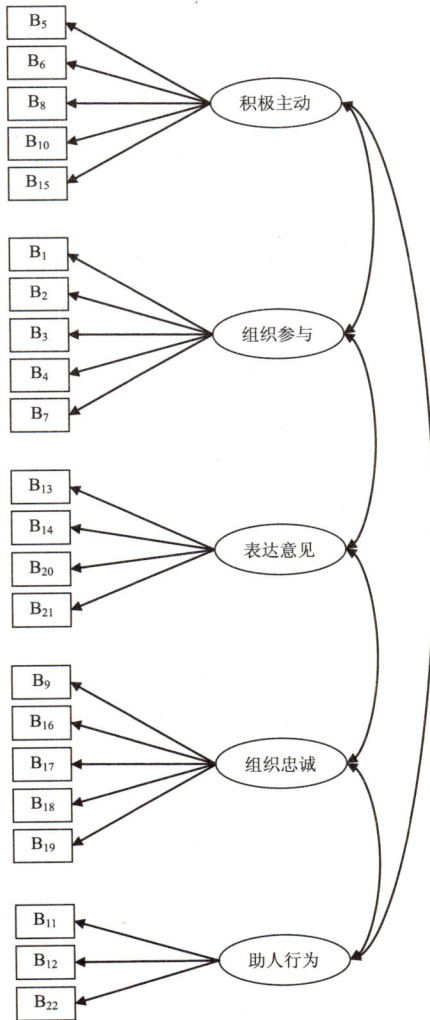

图4—1　石油企业员工组织公民行为结构模型

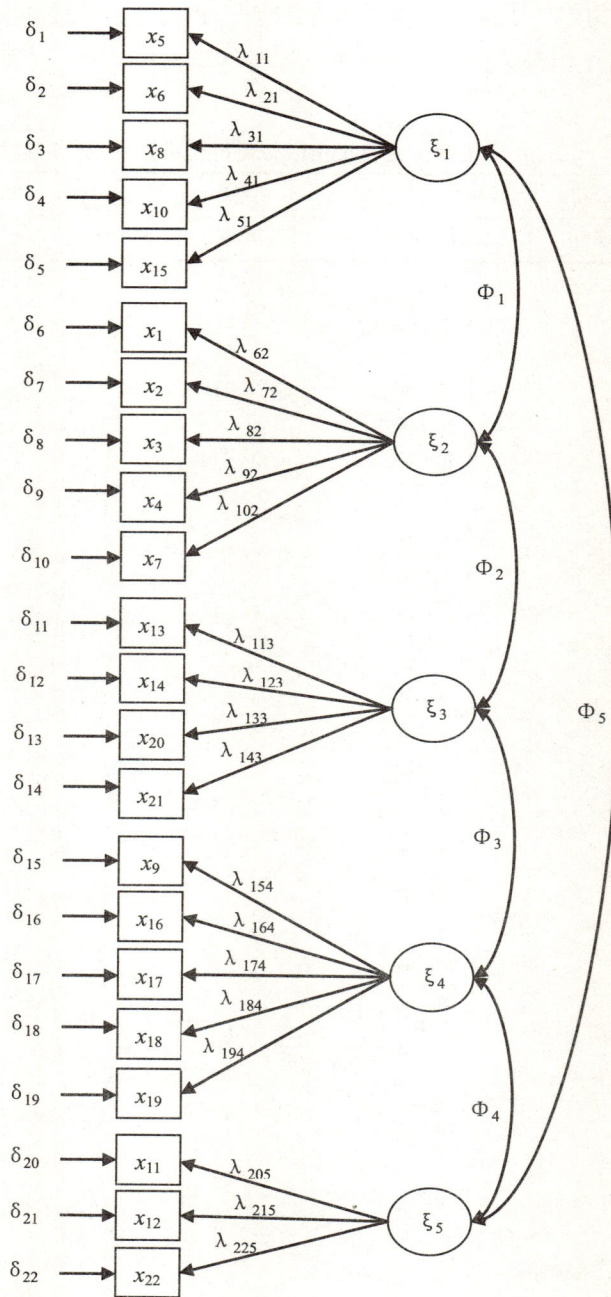

图4—2 石油企业员工组织公民行为测量模型

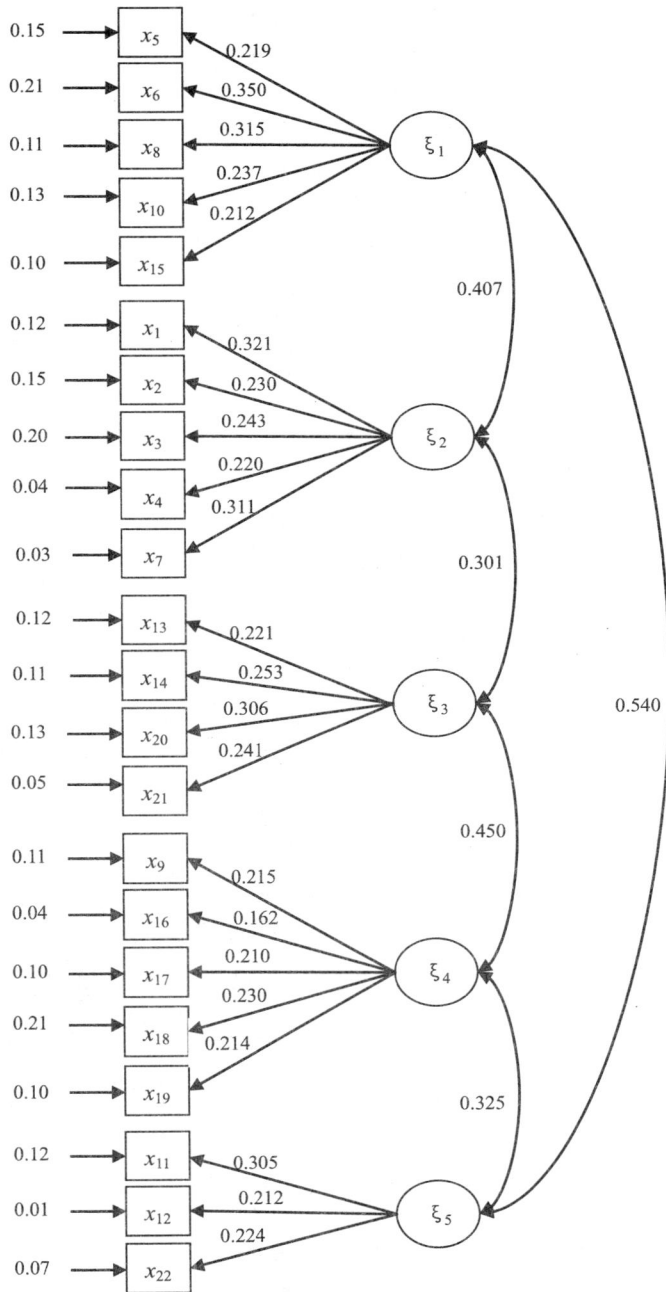

图4—3 石油企业员工组织公民行为模型拟合结果

四 员工个性特征与组织公民行为关系研究

国内外成熟的组织公民行为研究成果已经证明员工的组织公民行为会因个人因素的不同而出现差异。帕得萨克（2000）的元分析发现，众多研究表明工作年限、性别与组织公民行为均不存在显著的相关。基德尔（Kidder，2002）选取组织公民行为的公民道德和利他主义两个维度，研究了员工性别与组织公民行为的关系，得出女性化特征与利他主义维度显著正相关，而男性化特征与公民道德维度显著负相关。[1]曹科岩、龙君伟（2007）以教师为样本研究了不同人口统计学变量教师的组织公民行为差异，发现不同性别、年龄、学历、学校类型的教师之间的组织公民行为差异并不显著，而职称、学校等级对教师组织公民行为有显著影响，即高职称教师的组织公民行为显著高于低职称教师、高级学校教师的组织公民行为显著高于低级学校教师。[2]石油企业的发展背景、企业文化、员工素质均不同于其他企业，具有自身的特殊性，石油企业员工组织公民行为是否受到人口统计学变量的影响有待于进一步研究。本书探究人口统计学变量对石油企业员工组织公民行为的影响，具体考察的人口统计学变量有性别、婚姻状况、年龄、文化程度、工作年限、年收入、职务，其中对性别、婚姻状况作T检验，年龄、文化程度、工作年限、年收入、职务作F检验。

（一） 性别的员工组织公民行为差异比较

对不同性别的石油企业组织公民行为的差异进行独立样本T检验（见表4—13）。结果表明男女员工的积极主动、组织参与、组织忠诚存在差异（P＜0.05），表达意见、助人行为存在显著差异（P＜0.01）。男性员工在积极主动、表达意见、组织忠诚上的得分高于女性员工，而女性员工在组织参与、助人行为上的得分略高于男性员工。

---

① Deborah L. Kidder, "The Influence of Gender on the Performance of Organizational Citizenship Behaviors", *Journal of Management*, Vol. 28, No. 5, 2002, pp.629-648.

② 曹科岩、龙君伟：《教师组织公民行为：结构与影响因素的研究》，《心理发展与教育》2007年第1期。

表4—13　　　　性别的石油企业员工组织公民行为差异性检验结果

	性别	人数	平均数	标准差	T值	P
积极主动	男	170	16.310	2.213	2.010*	0.003
	女	125	13.125	1.150		
组织参与	男	170	15.018	3.110	2.120*	0.025
	女	125	17.315	3.204		
表达意见	男	170	12.108	2.104	1.102**	0.006
	女	125	10.316	2.112		
组织忠诚	男	170	14.225	2.518	1.522*	0.002
	女	125	12.213	2.420		
助人行为	男	170	8.650	1.950	0.995**	0.009
	女	125	8.705	1.856		

*P<0.05，　**P<0.01。

（二）婚姻状况的员工组织公民行为差异比较

对婚姻状况不同的石油企业员工组织公民行为的差异进行独立样本T检验（见表4—14）。结果表明，婚姻状况不同的员工的积极主动、组织忠诚存在显著差异（P<0.01），组织参与、表达意见、助人行为存在差异（P<0.05）。未婚员工在积极主动、组织参与、组织忠诚、助人行为上的得分高于已婚员工，已婚员工在表达意见上的得分高于未婚员工。

表4—14　　　　婚姻状况的石油企业员工组织公民行为差异性检验结果

	婚姻状况	人数	平均数	标准差	T值	P
积极主动	未婚	83	20.320	3.140	1.502**	0.005
	已婚	212	18.412	2.152		
组织参与	未婚	83	16.352	1.140	1.145*	0.012
	已婚	212	14.505	2.151		
表达意见	未婚	83	14.228	1.122	1.137*	0.014
	已婚	212	15.547	2.143		
组织忠诚	未婚	83	16.410	2.115	2.113**	0.007
	已婚	212	12.214	1.316		
助人行为	未婚	83	7.590	1.616	0.640*	0.015
	已婚	212	5.215	0.834		

*P<0.05，　**P<0.01。

（三） 年龄的员工组织公民行为差异比较

根据石油企业员工组织公民行为量表，在数据处理时将年龄段分为四组：第一组，20—29岁；第二组，30—39岁；第三组，40—49岁；第四组，50岁以上。对不同年龄的员工组织公民行为进行方差分析（见表4—15）。结果表明，不同年龄组的员工的积极主动、表达意见、助人行为存在显著差异（P<0.01），组织参与、组织忠诚存在差异（P<0.05）。员工的积极主动、组织参与等行为随着年龄的增长而有所减弱，而表达意见、组织忠诚、助人行为等随着年龄的增长而有所加强。

表4—15 年龄的石油企业员工组织公民行为差异性检验结果

	年龄	人数	平均数	标准差	F值	P
积极主动	20—29岁	72	19.320	2.107	3.905**	0.002
	30—39岁	99	19.052	1.215		
	40—49岁	83	18.017	1.002		
	50岁以上	41	17.162	2.4410		
组织参与	20—29岁	72	17.102	2.113	4.110*	0.031
	30—39岁	99	16.912	2.012		
	40—49岁	83	16.808	1.139		
	50岁以上	41	15.122	1.016		
表达意见	20—29岁	72	13.119	1.345	3.192**	0.006
	30—39岁	99	14.217	2.114		
	40—49岁	83	15.136	2.103		
	50岁以上	41	17.719	1.612		
组织忠诚	20—29岁	72	15.117	2.051	2.545*	0.024
	30—39岁	99	16.605	1.119		
	40—49岁	83	18.116	1.660		
	50岁以上	41	20.575	2.163		
助人行为	20—29岁	72	7.434	0.994	3.467**	0.005
	30—39岁	99	8.579	1.437		
	40—49岁	83	8.607	1.670		
	50岁以上	41	9.115	2.550		

*P<0.05, **P<0.01。

（四）　文化程度的员工组织公民行为差异比较

石油企业员工组织公民行为量表根据文化程度将员工分为五类，即高中及以下、专科、本科、硕士、博士。为了便于数据处理与分析，将高中及以下与专科合并为一类，统称为"专科及以下"，将博士与硕士合并为一类，统称为"本科以上"。因此，在数据处理时按文化程度将员工分为三类：专科及以下、本科、本科以上。对不同文化程度的员工组织公民行为的差异进行方差分析（见表4—16）。结果表明，不同文化程度员工的积极主动、组织参与、组织忠诚存在差异（$P < 0.05$），表达意见、助人行为存在显著差异（$P < 0.01$），且文化程度高的员工的积极主动、组织参与、表达意见、组织忠诚、助人行为等行为弱于文化程度低的员工。

表4—16　　　　文化程度的石油企业员工组织公民行为差异性检验结果

	文化程度	人数	平均数	标准差	F值	P
积极主动	专科及以下	183	21.159	4.120	3.113*	0.015
	本科	57	20.605	2.215		
	本科以上	55	18.511	2.113		
组织参与	专科及以下	183	20.602	2.708	2.030*	0.020
	本科	57	19.115	1.560		
	本科以上	55	17.080	2.116		
表达意见	专科及以下	183	15.135	2.104	4.188**	0.001
	本科	57	14.170	2.158		
	本科以上	55	12.054	1.040		
组织忠诚	专科及以下	183	20.128	3.150	1.415*	0.033
	本科	57	18.113	2.185		
	本科以上	55	16.585	1.850		
助人行为	专科及以下	183	10.805	2.686	2.216**	0.007
	本科	57	8.660	2.155		
	本科以上	55	8.515	1.180		

*$P < 0.05$，**$P < 0.01$。

（五）工作年限的员工组织公民行为差异比较

石油企业员工组织公民行为量表根据员工的工作年限将员工分为三类，即1—5年、5—10年、10年以上。对不同工作年限的员工组织公民行为进行方差分析（见表4—17）。结果显示，不同工作年限的员工的积极主动、组织忠诚存在差异（P<0.05），组织参与、表达意见、助人行为存在显著差异（P<0.01），且员工的积极主动、组织参与、表达意见、组织忠诚、助人行为随着工作年限的增加而有所提高。

表4—17　　　工作年限的石油企业员工组织公民行为差异性检验结果

	工作年限	人数	平均数	标准差	F值	P
积极主动	1—5年	71	15.236	1.167	5.149*	0.030
	5—10年	94	18.215	1.455		
	10年以上	130	20.185	2.707		
组织参与	1—5年	71	13.251	1.311	4.030**	0.002
	5—10年	94	14.260	2.161		
	10年以上	130	16.332	2.718		
表达意见	1—5年	71	12.101	1.805	3.091**	0.006
	5—10年	94	13.210	3.338		
	10年以上	130	15.115	1.540		
组织忠诚	1—5年	71	15.126	0.970	2.251*	0.016
	5—10年	94	16.507	3.564		
	10年以上	130	19.610	2.115		
助人行为	1—5年	71	6.445	2.357	1.795**	0.008
	5—10年	94	6.520	1.470		
	10年以上	130	8.291	0.858		

*P<0.05，**P<0.01。

（六）　年收入的员工组织公民行为差异比较

石油企业员工组织公民行为量表根据员工年收入的不同将员工分为四类，即2万元以下、2万—3万元、3万—5万元、5万元以上。对不同年收入的员工组织公民行为进行方差分析（见表4—18）。结果表明，不同年收入的员工的积极主动、组织参与、组织忠诚存在差异（P＜0.05），表达意见、助人行为存在显著差异（P＜0.01），且员工的积极主动、组织参与、表达意见、组织忠诚、助人行为随着收入的增加而有所提高。

表4—18　　　　年收入的石油企业员工组织公民行为差异性检验结果

	年收入	人数	平均数	标准差	F值	P
积极主动	2万元以下	63	14.140	3.112	4.148*	0.022
	2万—3万元	89	15.275	1.504		
	3万—5万元	58	15.045	0.840		
	5万元以上	85	17.614	2.176		
组织参与	2万元以下	63	13.220	1.411	3.105*	0.011
	2万—3万元	89	15.702	0.615		
	3万—5万元	58	16.545	1.310		
	5万元以上	85	16.010	1.702		
表达意见	2万元以下	63	11.390	2.115	2.610**	0.003
	2万—3万元	89	13.336	1.080		
	3万—5万元	58	15.651	2.263		
	50岁以上	85	16.815	1.417		
组织忠诚	2万元以下	63	13.070	0.755	2.150*	0.036
	2万—3万元	89	14.225	1.460		
	3万—5万元	58	15.514	0.940		
	5万元以上	85	15.215	1.515		
助人行为	2万元以下	63	7.478	2.309	3.556**	0.005
	2万—3万元	89	7.606	1.414		
	3万—5万元	58	8.150	0.880		
	5万元以上	85	10.668	1.760		

　　*P＜0.05，　**P＜0.01。

（七） 职务的员工组织公民行为差异比较

石油企业员工组织公民行为量表根据员工职务的不同将员工分为四类，即普通员工、基层管理人员、中层管理人员、高层管理人员，但在收集的数据样本中，中层管理人员与高层管理人员分别仅占9.2%和4.7%。为了便于数据的处理与分析，将中层管理人员与高层管理人员这两类员工合并为一类，统称为"中高层管理人员"。因此，在数据处理时按员工的职务将员工分为普通员工、基层管理人员、中高层管理人员三类。对不同职务的员工组织公民行为进行方差分析（见表4—19）。结果表明，不同职务的员工积极主动、表达意见、助人行为存在显著差异（P＜0.01），组织参与、组织忠诚存在差异（P＜0.05），且员工的积极主动、组织参与、表达意见、组织忠诚、助人行为随着职务的提升而有所提高。

表4—19　　　　职务的石油企业员工组织公民行为差异性检验结果

	职务	人数	平均数	标准差	F值	P
积极主动	普通员工	206	15.156	2.115	3.118**	0.002
	基层管理人员	48	16.315	0.780		
	中高层管理人员	41	18.218	1.521		
组织参与	普通员工	206	14.245	0.990	2.085*	0.017
	基层管理人员	48	15.165	1.145		
	中高层管理人员	41	17.019	0.922		
表达意见	普通员工	206	13.150	0.838	2.105**	0.004
	基层管理人员	48	14.645	2.125		
	中高层管理人员	41	14.128	2.012		
组织忠诚	普通员工	206	15.209	0.875	1.920*	0.025
	基层管理人员	48	16.810	1.520		
	中高层管理人员	41	16.710	0.707		
助人行为	普通员工	206	8.430	1.308	2.515**	0.001
	基层管理人员	48	8.515	2.225		
	中高层管理人员	41	10.211	1.095		

*P＜0.05，**P＜0.01。

五 小结

本章的研究内容分为三个部分：

1. 完成了石油企业员工组织公民行为量表的编制

首先，通过对国内外成熟的员工组织公民行为研究的有关量表的对比分析，从中提炼出了符合中国石油企业实际的量表题项，围绕助人行为、文明礼貌、运动员精神、组织忠诚、积极主动、组织参与、表达意见等组织公民行为的表现方式，编制石油企业员工组织公民行为初测量表。其次，就量表题项与中国石油企业员工展开广泛而深度的访谈，征求了石油企业员工和人力资源管理专家对于量表题项的意见，将石油企业的特色融入员工组织公民行为量表，并根据石油企业员工的整体知识水平及其对组织公民行为的认识程度，修改了量表的措辞，使其更易于被石油企业员工接受。最后，通过对石油企业员工组织公民行为初测量表的预测试，对初测量表进行了修订，删除题项区分度较低和交叉重复的题项，确定了石油企业员工组织公民行为的测量题项，最终完成了石油企业员工组织公民行为正式量表的编制。

2. 完成了石油企业员工组织公民行为的结构分析

首先，运用石油企业员工组织公民行为量表，对石油企业员工施测，完成石油企业员工组织公民行为数据的收集。其次，运用探索性因素分析方法对石油企业员工组织公民行为量表收集的数据进行探索分析，结果显示石油企业员工组织公民行为包含五个维度，根据各个维度包含的量表题项的共同特征将这五个维度命名为"积极主动"、"组织参与"、"表达意见"、"组织忠诚"以及"助人行为"。最后，为了验证石油企业员工组织公民行为五维结构的科学性，运用验证性因素分析方法对石油企业员工组织公民行为量表收集的数据进行验证分析，结果显示石油企业员工组织公民行为的五维结构是科学有效的。

3. 完成了石油企业员工组织公民行为差异比较

具体考察的人口统计学变量有性别、婚姻状况、年龄、文化程度、工作年限、年收入、职务，其中对性别、婚姻状况作T检验，年龄、文化程度、工作年限、年收入、职务作F检验，结果显示石油企业员工组织公民行为会因人口统计学变量的不同而出现差异。

第五章 员工精神激励感知与组织公民行为相关度研究

自贝特曼和奥根（1983）提出组织公民行为以来，组织公民行为的前导变量研究一直是学术界广泛关注的内容，工作满意度、组织承诺、组织政治认知、组织支持感、组织公平感等都属于组织公民行为前导变量的范畴。本章通过提出相关的研究假设，综合运用相关分析方法、回归分析方法、验证性因素分析方法对假设进行验证，旨在探讨员工精神激励感知与组织公民行为之间的关系。

一 研究假设

组织公民行为是员工自发的行为，其没有得到组织正式的薪酬体系明确或直接的确认，其动机本质是一种社会交换。社会交换理论认为，员工的组织公民行为的动机是互惠与回报，即组织为员工提供工作上的支持与货币的报酬，满足员工精神和自我发展的需要，使员工感受到组织的支持和关心，员工就会表现出有利于组织的组织公民行为作为回报，这种互惠与回报可以促使员工与组织之间形成稳定的心理契约，一旦组织与员工之间建立了相互尊重、信任及互惠的关系，员工就愿意为组织付出额外的努力，组织公民行为即是这种额外的努力的一种表现形式。因此，本书认为员工表现出组织公民行为的前提是员工与组织之间形成心理契约。组织支持、组织奖惩的公正性、公平性都会对这种心理契约造成影响，如果员工觉得组织破坏了程序或分配上的公正性，那么员工产生组织公民行为的动机就会下降。研究表明，心理契约与组织公民行为之间存在正向相关关系。特恩利等研究发现，心理契约的履行，特别是员工所感知的心理契约履行显著影响着员工的绩效与组织公民行为。当组织满足员工的期望，保持员工与组织之间的心理契约关系时，员工就会感受到更多的组织支持，表现出更多的组织公民行为，即组织对员工的心理契约履行程度越高，员工的组织公民行为也就越高。组织与员工之间心理契约的维系不仅仅依靠组织的薪酬体系，组织给予员工的精神激励也是巩固组织与员工间心理契约的有效手段。精神激励是提高个体精神满足程度的一项推动企业发展的重要手段和措施，主要通过满足员工的精神需求来调动积极性，从而使员工的行为向管理者预期的方向发展，其能够有效地弥补企业物质激励的不足，提高管理效率，降低管理成本，其本质是通过调整外因来调动内因，满足员工对于承认、表扬、人际关系、尊重、理解、能力发挥、自我成长与发展等的需要。精神激励感知作为衡量员工内在认知、信念、意志、信仰的变量，对于激发员工的内在潜力，使之表现出有利于组织的角色外行为具有重要作用。由此可见，精神激励是组织对员工精神世界的主动关照，体现了组织对员工尊严和价值的肯定及对员工的关怀，是满足人的高层次心理需要的根本性激励，是一种主导的、持久的激励形式，具有持续的内驱动作用，是真正的激励源泉，能够弥补组织物质激励的不足，提高组织激励机制的效率，员工的精神激励感知能把外部推力转化为内在驱动力，从而提高员工与组织之间的心理契约水平。因此，员工精神激励感知与组织公民行为之间必然存在某种内在的联系。基于此，本书提出假设：

假设1：石油企业员工参与激励感知与积极主动、组织参与、表达意见、组织忠诚、助人行为具有正相关关系。

假设2：石油企业员工成长与发展激励感知与积极主动、组织参与、表达意见、组织忠诚、助人行为具有正相关关系。

假设3：石油企业员工荣誉与晋升激励感知与积极主动、组织参与、表达意见、组织忠诚、助人行为具有正相关关系。

积极主动

参与激励
感知

+
+
+
+
+
+
+
+
+
+
+
+
+

组织参与

成长与发展
激励感知

表达意见

荣誉与晋升
激励感知

组织忠诚

助人行为

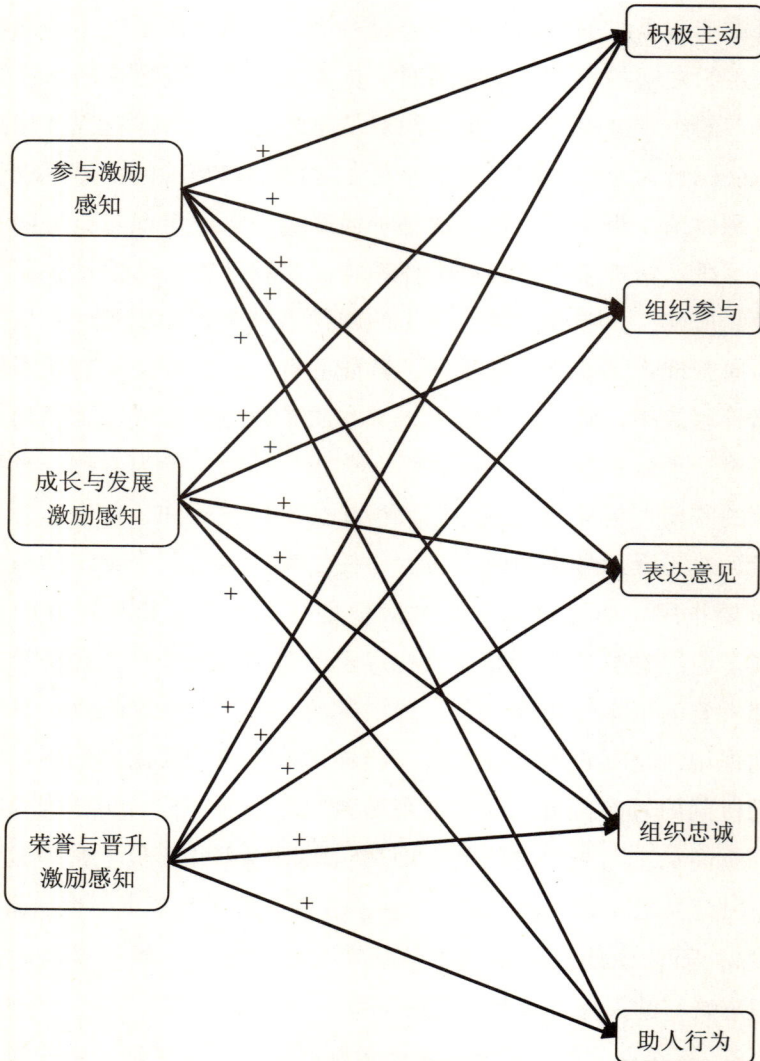

图5—1 研究假设

二 员工精神激励感知与组织公民行为关系探索

（一） 数据的收集与整理

表5—1　　　石油企业员工精神激励感知与组织公民行为相关度研究样本统计

项目	类别	人数	人数百分比（%）
性别	男	190	55.2
	女	154	44.8
婚姻状况	未婚	81	23.5
	已婚	263	76.5
年龄	20—29岁	96	27.9
	30—39岁	105	30.5
	40—49岁	103	29.9
	50岁以上	40	11.6
文化程度	高中及以下	40	11.6
	专科	154	44.8
	本科	95	27.6
	硕士	40	11.6
	博士	15	4.4
工作年限	1—5年	91	26.5
	5—10年	193	56.1
	10年以上	60	17.4
年收入	2万元以下	80	23.3
	2万—3万元	97	28.2
	3万—5万元	120	34.9
	5万元以上	47	13.7
职务	普通员工	75	21.8
	基层管理人员	151	43.9
	中层管理人员	83	24.1
	高层管理人员	35	10.2
组织规模	100人以下	75	21.8
	100—500人	99	28.8
	500—1000人	100	29.1
	1000人以上	70	20.3

为了结合石油企业的特点，探讨石油企业员工精神激励感知与组织公民行为的关系，本书将石油企业员工精神激励感知正式量表和石油企业员工组织公民行为量表装订成册，同步发放给石油企业员工。问卷发放和访谈同步进行，访谈的目的是深入了解石油企业员工对于精神激励感知和组织公民行为的认识程度，并对量表题项的含义给予具体阐释，以提高量表数据的真实性、科学性。本次施测对象为胜利油田、塔里木油田、川庆钻探公司、中原油田井下作业公司等四家石油企业的部分员工，涵盖了生产、科研、销售、后勤等不同岗位，最大限度地保障了问卷数据的全面性、科学性，累计发放纸质问卷350份，电子问卷150份，收回443份，回收率88.6%，有效问卷344份，有效率77.7%。

（二）员工精神激励感知与组织公民行为的相关分析

表5—2　　石油企业员工精神激励感知与员工组织公民行为相关分析

	参与激励感知	成长与发展激励感知	荣誉与晋升激励感知
积极主动	0.602*	0.205*	0.360*
组织参与	0.520**	0.460**	0.615**
表达意见	0.307**	0.011*	0.368*
组织忠诚	0.450*	0.328*	0.320**
助人行为	0.358	0.605**	0.220*

*$P < 0.05$，　**$P < 0.01$。

从石油企业员工精神激励感知与组织公民行为的相关分析的结果可以看出：

（1）石油企业员工参与激励感知维度与组织公民行为的积极主动维度、组织忠诚维度呈正相关关系（$P < 0.05$），与组织参与维度、表达意见维度呈显著的正相关关系（$P < 0.01$），与助人行为维度无相关关系（$P > 0.05$）。

（2）石油企业员工成长与发展激励感知维度与组织公民行为的组织参与维度、助人行为维度呈显著的正相关关系（$P < 0.01$），与积极主动维度、组织忠诚维度呈正相关关系（$P < 0.05$），与表达意见的相关系数过小，导致员工成长与发展激励感知和表达意见的相关性不明显。

（3）石油企业员工荣誉与晋升激励感知维度与组织公民行为的组织参与维度、组织忠诚维度呈显著的正相关关系（P＜0.01），与积极主动维度、表达意见维度、助人行为维度呈正相关关系（P＜0.05）。

石油企业员工精神激励感知与组织公民行为的相关分析的结果表明，员工的精神激励感知有助于员工表现出组织公民行为，如提高员工的工作积极性、提高员工表达意见的意愿、提高员工的组织忠诚度、归属感以及利于在组织内营造互帮互助的工作氛围等。

（三）员工精神激励感知与组织公民行为的回归分析

表5—3　　石油企业员工精神激励感知与员工组织公民行为回归分析

y＼x	积极主动			组织参与			表达意见			组织忠诚			助人行为		
	β值	T值	P	β值	T值	P	β值	T值	P	β值	T值	P	β值	T值	P
参与激励感知	0.203	1.001	0.010	0.415	0.246	0.001	0.310	0.815	0.000	0.212	0.332	0.001	0.406	0.256	0.106
成长与发展激励感知	0.160	0.018	0.005	0.109	0.340	0.003	0.202	0.208	0.210	0.235	0.605	0.013	0.210	0.155	0.020
荣誉与晋升激励感知	0.155	0.130	0.001	0.204	0.013	0.012	0.325	0.570	0.005	0.276	0.208	0.004	0.417	1.322	0.107
Adj R^2	0.121			0.114			0.125			0.150			0.112		

相关分析只能初步探讨变量之间相关的方向以及对变量之间的相关程度作一总的描述，但无法通过一个变量的值来预测另一个变量的值，因此本书在相关分析的基础上，采用回归分析的方法进一步分析研究员工精神激励感知对员工组织公民行为的预测作用。本书采用"强迫进入（Enter）"的回归方法对员工组织公民行为与精神激励感知进行回归分析。石油企业员工组织公民行为对精神激励感知的回归分析，即分别以积极主动、组织参与、表达意见、组织忠诚、助人行为为因变量，参与激励感知、成长与发展激励感知、荣誉与晋升激励感知为自变量进行回归分析。

（1）参与激励感知、成长与发展激励感知、荣誉与晋升激励感知均进入了对积极主动的回归方程（P＜0.05），且标准化回归系数均为正数，表明参与激励感知、成长与发展激励感知、荣誉与晋升激励感知等三个因素对积极主动有促进作用，有助于提高员工的工作主动性。荣誉与晋升激励感知对积极主动的回归系数较小（β=0.155），表明荣誉与晋升激励感知对积极主动的影响程度较小。参与激励感知、成长与发展激励感知、荣誉与晋升激励感知对积极主动的总体决定系数为0.121，表明积极主动变异的12.1%可以用这三个因素解释。

（2）参与激励感知、成长与发展激励感知、荣誉与晋升激励感知均进入了对组织参与的回归方程（P<0.05），且标准化回归系数均为正数，表明参与激励感知、成长与发展激励感知、荣誉与晋升激励感知等三个因素对组织参与有促进作用，有助于提高员工的工作积极性。成长与发展激励感知对组织参与的回归系数较小（β=0.109），表明成长与发展激励感知对组织参与的影响程度较小。参与激励感知、成长与发展激励感知、荣誉与晋升激励感知对组织参与的总体决定系数为0.114，表明组织参与变异的11.4%可以用这三个因素解释。

（3）参与激励感知、荣誉与晋升激励感知均进入了对表达意见的回归方程（P<0.01），且标准化回归系数均为正数，表明参与激励感知、荣誉与晋升激励感知对表达意见有促进作用，有助于提高员工表达意见的意愿。参与激励感知对表达意见的回归系数（β=0.310）略小于荣誉与晋升激励感知对表达意见的回归系数（β=0.325），表明参与激励感知对表达意见的促进作用小于荣誉与晋升激励感知。成长与发展激励感知没有进入对表达意见的回归方程（P>0.05），表明成长与发展激励感知对表达意见的影响作用不显著，在构建结构模型时可以不考虑这条路径。参与激励感知、荣誉与发展激励感知对表达意见的总体决定系数为0.125，表明表达意见变异的12.5%可以用这两个因素解释。

（4）参与激励感知、成长与发展激励感知、荣誉与晋升激励感知均进入了对组织忠诚的回归方程（P<0.05），且标准化回归系数均为正数，表明参与激励感知、成长与发展激励感知、荣誉与晋升激励感知对组织忠诚有促进作用，有助于提高员工对组织的忠诚度。参与激励感知对组织忠诚的回归系数（β=0.212）小于成长与发展激励感知、荣誉与晋升激励感知对组织忠诚的回归系数，表明参与激励感知对组织忠诚的促进作用略低。参

与激励感知、成长与发展激励感知、荣誉与晋升激励感知对组织忠诚的总体决定系数为0.150，表明组织忠诚变异的15.0%可以用这三个因素解释。

（5）成长与发展激励感知进入了对助人行为的回归方程（P＜0.05），其标准化回归系数为正数，而参与激励感知、荣誉与晋升激励感知没有进入对助人行为的回归方程（P＞0.05），表明成长与发展激励感知对助人行为有促进作用，有助于在组织内部营造团结互助的工作氛围，而参与激励感知、荣誉与晋升激励感知对助人行为的影响作用不明显，在构建结构模型时可以不考虑这两条路径。成长与发展激励感知对助人行为的总体决定系数为0.112，表明助人行为变异的11.2%可以用这一个因素解释。

通过石油企业员工精神激励感知与组织公民行为的相关分析和回归分析，对二者间的关系进行了探究，结果证明了本书所提研究假设的部分正确性：

正确性1. 石油企业员工参与激励感知与积极主动、组织参与、表达意见、组织忠诚具有正相关关系，而与助人行为不相关。

正确性2. 成长与发展激励感知与积极主动、组织参与、组织忠诚、助人行为具有正相关关系，而与表达意见不相关。

正确性3. 荣誉与晋升激励感知与积极主动、组织参与、表达意见、组织忠诚具有正相关关系，而与助人行为不相关。

三　员工精神激励感知与组织公民行为关系模型

石油企业员工精神激励感知与组织公民行为的相关分析和回归分析的结果表明员工精神激励感知各维度与组织公民行为各维度间存在内在的关联，在此基础上，本书对石油企业员工精神激励感知与员工组织公民行为关系模型进行了探索研究。石油企业员工精神激励感知与组织公民行为关系模型研究分为三步，即模型构建、模型拟合与评价、模型讨论。

1. 模型构建

本书根据石油企业员工精神激励感知与组织公民行为相关分析及回归

分析的结果，构建了石油企业员工精神激励感知与组织公民行为关系模型，如图5—2。根据结构方程模型的原理，参与激励感知、成长与发展激励感知、荣誉与晋升激励感知表示外生潜变量，积极主动、组织参与、表达意见、组织忠诚、助人行为表示内生潜变量，A_1，A_2，…，A_{16}表示外生标志，B_1，B_2，…，B_{22}表示内生标志。

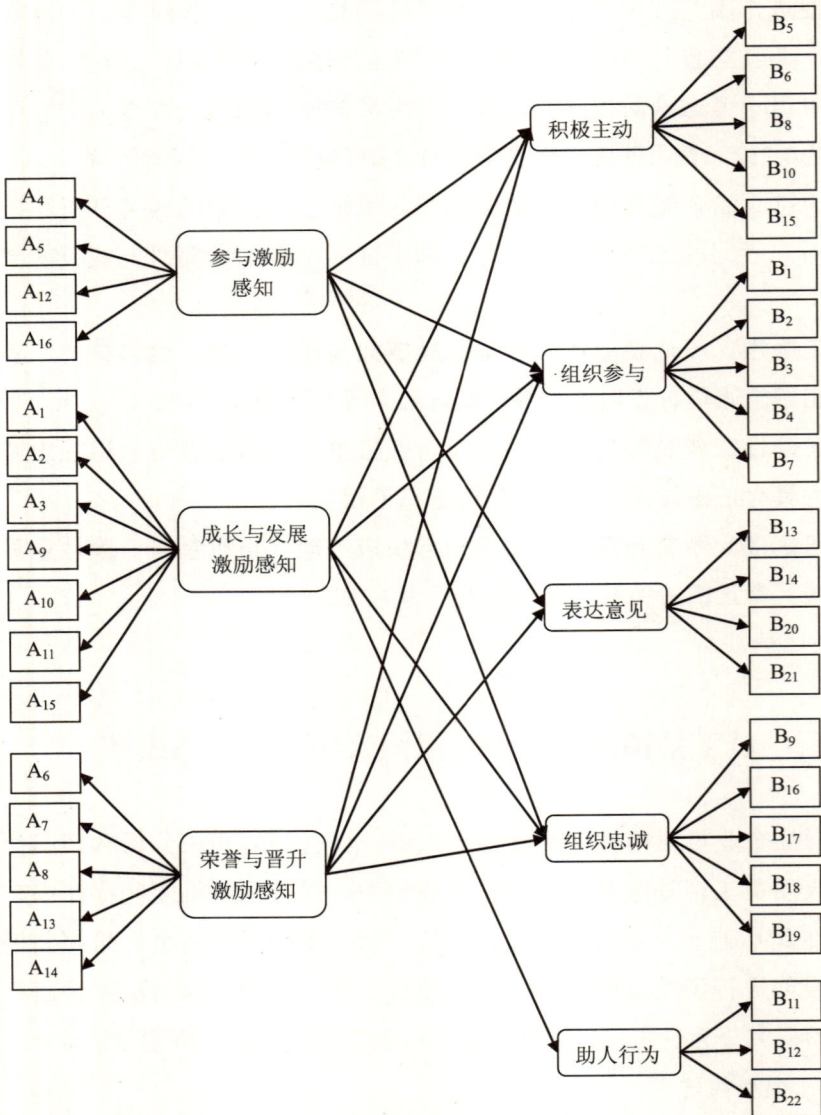

图5—2　石油企业员工精神激励感知与组织公民行为关系结构模型

2. 模型拟合与评价

首先，在石油企业员工精神激励感知与组织公民行为关系结构模型的基础上，构建石油企业员工精神激励感知与组织公民行为关系测量模型（见图5—3）。ξ_1表示石油企业员工的参与激励感知维度，ξ_2表示石油企业员工的成长与发展激励感知维度，ξ_3表示石油企业员工的荣誉与晋升激励感知维度，x_1，x_2，…，x_{16}表示石油企业员工精神激励感知量表各个题项的得分；λ_{11}，λ_{21}，…，λ_{163}表示x在外生潜变量ξ上的因子载荷系数；δ_1，δ_2，…，δ_{16}表示石油企业员工精神激励感知量表各个题项的测量误差；η_1表示石油企业员工组织公民行为的积极主动维度，η_2表示石油企业员工组织公民行为的组织参与维度，η_3表示石油企业员工组织公民行为的表达意见维度，η_4表示石油企业员工组织公民行为的组织忠诚维度，η_5表示石油企业员工组织公民行为的助人行为维度；y_1，y_2，…，y_{22}表示石油企业员工组织公民行为量表各个题项的得分；μ_{11}，μ_{21}，…，μ_{225}表示y在内生潜变量上的因子载荷系数；ε_1，ε_2，…，ε_{22}表示石油企业员工组织公民行为量表各个题项的测量误差；γ_{11}，γ_{21}，…，γ_{52}表示外生潜变量ξ对内生潜变量的影响。其次，以石油企业员工精神激励感知量表、石油企业员工组织公民行为量表收集的数据为样本，使用统计分析软件AMOS17.0对石油企业员工精神激励感知与组织公民行为关系测量模型进行运算（见图5—4）。最后，采用χ^2、χ^2/df、GFI、AGFI、NFI、IFI、CFI、RMSEA等指标对石油企业员工精神激励感知与组织公民行为关系模型的拟合程度进行评价（见表5—4）。石油企业员工精神激励感知与组织公民行为关系模型的各项拟合指数均达到了较高的水平，说明观测数据与模型拟合得较好，修正后的模型是一个有效的模型。

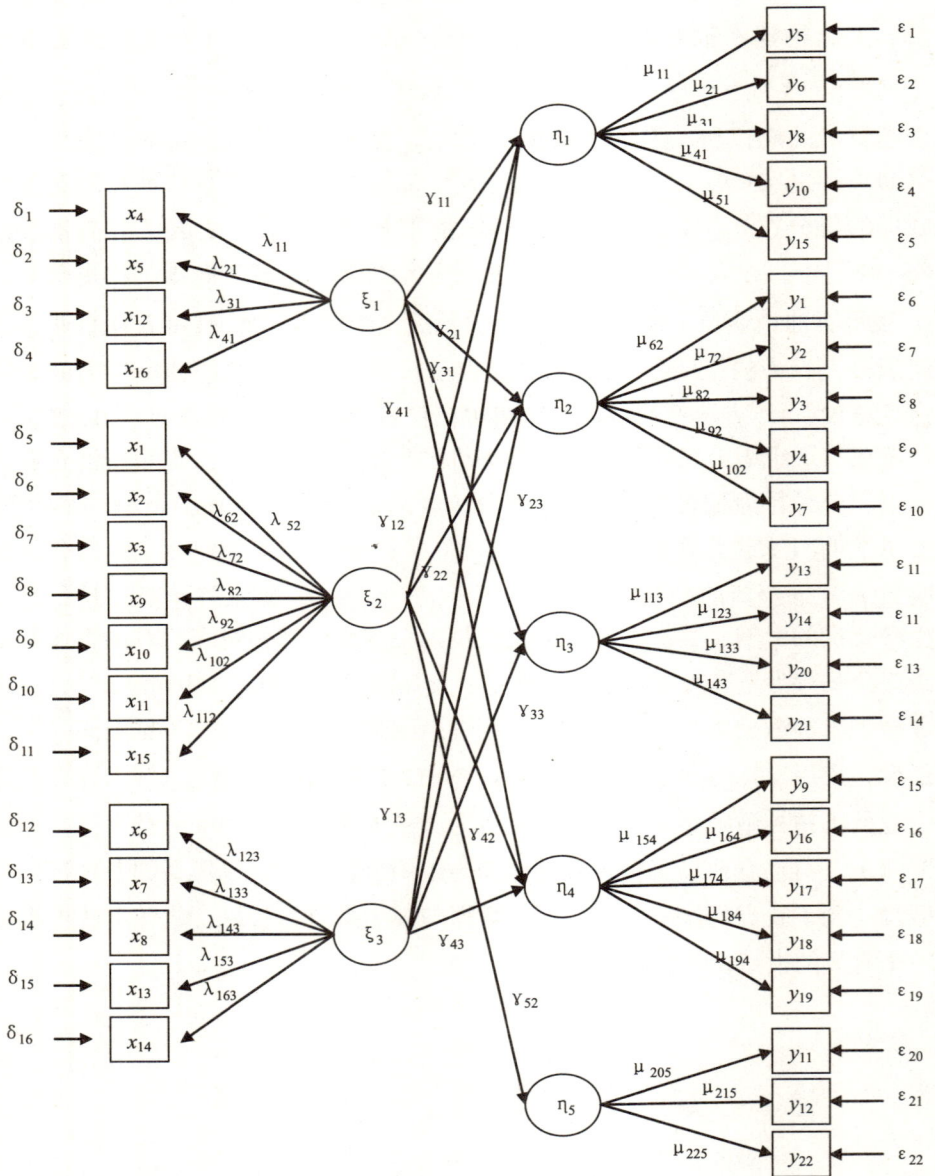

图5—3 石油企业员工精神激励感知与组织公民行为关系测量模型

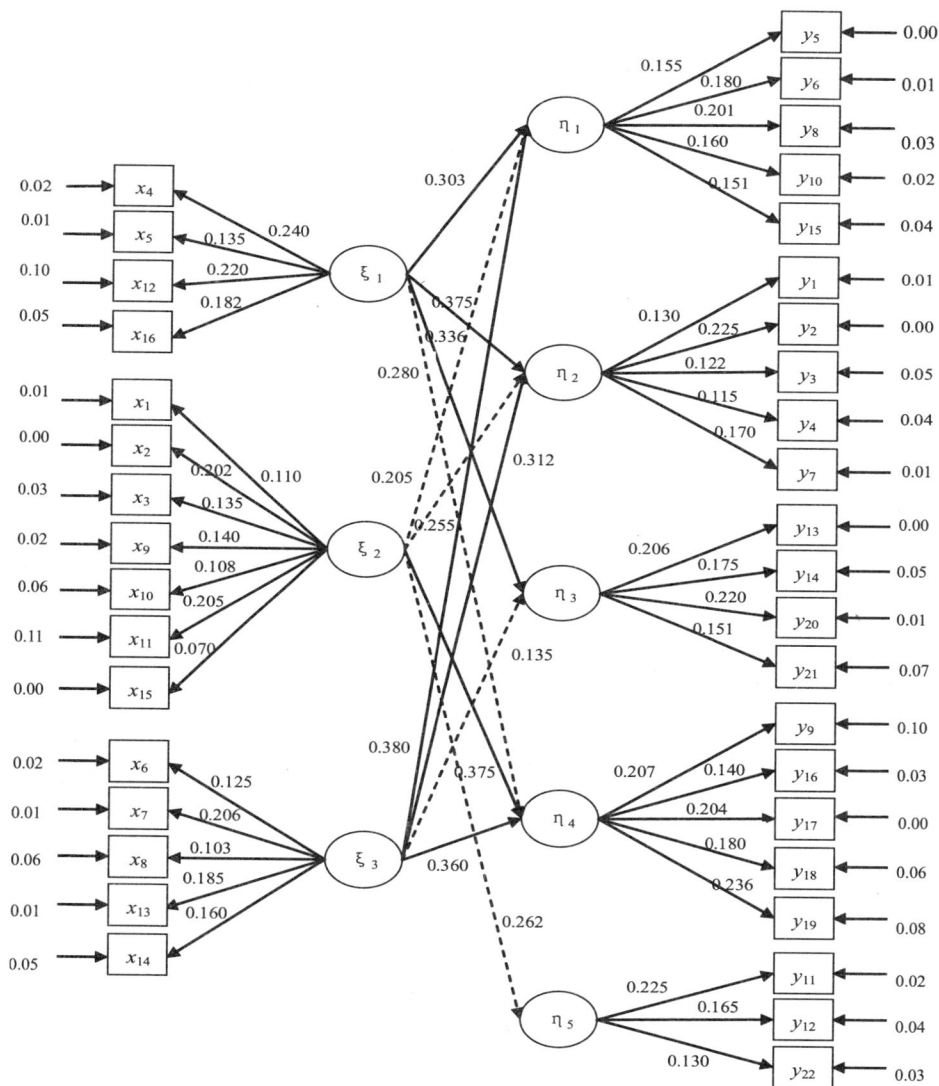

虚线表示路径系数小于 0.3，表示外生潜变量对内生潜变量的影响相对较小；
实线表示路径系数大于 0.3，表示外生潜变量对内生潜变量的影响相对较大。

图5—4 石油企业员工精神激励感知与组织公民行为关系模型拟合结果

表5—4　　　　石油企业员工精神激励感知与组织公民行为关系模型的拟合指数表

x^2	x^2/df	GFI	AGFI	NFI	IFI	CFI	RMSEA
508.56	3.06	0.96	0.93	0.92	0.90	0.85	0.001

3. 模型讨论

从石油企业员工精神激励感知与组织公民行为关系模型的拟合结果，可以看出：

（1）参与激励感知对积极主动、组织参与、表达意见、组织忠诚的路径系数分别为0.303、0.375、0.336、0.280，表明参与激励感知对积极主动、组织参与、表达意见及组织忠诚有促进作用，其中对组织参与的影响作用最大。参与激励感知水平高的员工往往有较高的工作主动性、工作积极性，这类员工有向上级反馈意见的意愿，将自身视为组织大家庭中的一员，对组织有较高的忠诚度。

（2）成长与发展激励感知对积极主动、组织参与、组织忠诚、助人行为的路径系数分别为0.205、0.255、0.375、0.262，表明成长与发展激励感知对积极主动、组织参与、组织忠诚、助人行为有促进作用，其中对组织忠诚的影响作用最大。成长与发展激励感知水平高的员工将自身发展与组织发展结合起来，认为组织目标的实现有助于个人目标的达成，组织能够最大限度地发挥自己的潜能，因而这类员工对组织的忠诚度较高，往往具有较高的工作主动性、积极性以及帮助他人的意愿。

（3）荣誉与晋升激励感知对积极主动、组织参与、表达意见、组织忠诚的路径系数分别为0.380、0.312、0.135、0.360，表明荣誉与晋升激励感知对积极主动、组织参与、表达意见、组织忠诚有促进作用，其中对积极主动的影响作用最大。荣誉与晋升激励感知水平高的员工在工作中追求自我价值的实现，看重自我成就感，因而加倍努力工作，工作的积极性、主动性较高。

四　小结

本章通过提出研究假设，对石油企业员工精神激励感知与组织公民行为的关系进行了研究。首先，运用相关分析和回归分析的方法研究了石油企业员工精神激励感知各个维度对组织公民行为各个维度的作用方向及强度，验证了研究假设的正确性。其次，在相关分析和回归分析的基础上，构建了石油企业员工精神激励感知与组织公民行为关系模型，并运用结构方程模型原理对模型进行了数据拟合，拟合结果表明石油员工精神激励感知与组织公民行为关系模型是一个有效的模型，能更直观地显示石油企业员工精神激励感知与组织公民行为的关系。

第六章　员工精神激励的建议

　　组织公民行为作为员工自发的有利于组织的角色外行为，是基于员工与组织之间心理契约的社会交换的产物，其能够提高员工的工作满意度和组织忠诚度，降低缺勤率和离职率。员工的精神激励感知对于巩固员工与组织之间的心理契约有重要作用，即员工的精神激励感知能够促进员工表现出组织公民行为，可见提高员工的精神激励感知水平对于组织绩效的改进有积极影响，而员工精神激励感知的提高是以完善的精神激励方式为基础的。本章结合石油企业的实际和精神激励的具体方式，针对石油企业员工精神激励感知的三个维度，即参与激励感知、成长与发展激励感知、荣誉与晋升激励感知，提出石油企业精神激励的相关建议，为完善石油企业的精神激励方式提供理论上的支撑。

一　员工精神激励的原则

1. 公平性原则

　　公平性是企业员工管理的重要原则，是影响员工成长与发展激励感知及荣誉与晋升激励感知的关键因素。因此，石油企业员工精神激励的相关制度的制定和实施要体现公平性，要让员工感觉到企业提供的机会是均等的，这就要求石油企业在制定精神激励制度的过程中广泛征求员工意见，系统地分析、收集与精神激励有关的信息，全面了解员工的需求，并在制度的执行过程中破除论资排辈、求全责备的思想，树立用人所长、能者居位的观念，对于取得同等成绩的员工要给予同等层次的奖励。

2. 综合性原则

石油企业员工精神激励感知包含参与激励感知、成长与发展激励感知、荣誉与晋升激励感知三个维度，这三个维度分别反映员工对企业不同的精神激励方式的感知。石油企业应根据自身特点和员工需要，选用不同的精神激励方式或者综合运用多种精神激励方式。例如，为了提高员工的参与激励感知，形成员工对企业的归属感、认同感，企业可以运用参与激励方式；为了提高员工的荣誉与晋升激励感知，满足员工的荣誉需求，企业可以运用荣誉激励方式等。这样综合运用不同种类的精神激励方式，达到企业精神激励效力的最大化。

3. 差异性原则

石油企业员工的精神激励感知水平会因性别、婚姻状况、年龄、文化程度、工作年限、年收入、职务的不同而出现差异。因此，石油企业不能采用相同的方式激励所有员工，在拟定精神激励制度之前，要先了解员工间的不同，针对不同的员工实施不同的激励措施。例如，对高热情、高能力的杰出员工要给予充分的授权和信任，让他们尽情施展自己的热情和能力；对低热情、高能力的员工，则要不断鼓励、不断鞭策，一方面肯定其能力，另一方面给出具体目标和要求，并与其及时沟通，以焕发他们的工作热情等。

二　员工精神激励的策略

1. 员工参与激励感知的建议

石油企业可以通过完善参与激励、授权激励、沟通激励三种精神激励方式，采取有力措施提高员工在企业管理决策中的参与度，达到提高员工参与激励感知的目的，从而激发员工的组织公民行为。

（1）参与激励。石油企业员工参与激励感知与组织公民行为的组织参与维度显著正相关，r=0.520，P < 0.01，即提高石油企业员工的组织参与激励感知可以激发员工的组织参与行为。石油企业管理者要改变工作作风，实行民主管理，鼓励员工参与决策，并在决策过程中充分吸收、采纳员工

的合理化建议，提高员工的参与激励感知。员工的知识丰富，思想活跃，视野开阔，因此对于每一件事情他们往往会有自己的想法和主见，为了激发员工的工作积极性和创造性，就必须给员工提供表达自己意见的正式渠道，并且在意见和建议正确的情况下，能够给予员工及时的反馈。这就要求石油企业管理者在决策过程中改变作风，走下去，深入到员工中了解员工方面的信息，鼓励员工大胆地提出自己的想法，即使员工的意见或建议不正确也不予以批评，逐步引导员工的思想，使其与企业的目标一致。

（2）授权激励。石油企业员工参与激励感知与组织公民行为的积极主动维度和组织忠诚维度正相关，r=0.602，P < 0.05；r=0.450，P < 0.05，即提高员工的参与激励感知可以激发员工的积极主动行为和组织忠诚行为。授权是一种有效提高员工参与激励感知的管理手段，其能够提高员工对企业的归属感和认同感，满足员工实现其自身人生价值的需要，以达到激励的目的。通过赋予员工与职责相适应的决策权和行动权，使其形成工作的内在驱动力，可以有效地调动员工的工作积极性，从而激发员工的工作热情和创造性。石油企业管理者要敢于充分授权，赋予员工与其职责相符合的自主权利，如让员工制订详细的工作计划，自己安排完成目标的时间和方式，并可以在一定程度内进行目标调整等，以此提高员工工作的积极主动性和对组织的忠诚度。

（3）沟通激励。石油企业员工参与激励感知与组织公民行为的表达意见维度显著正相关，r=0.307，P < 0.01。石油企业管理者应充分利用沟通这一手段来提高员工的参与激励感知，通过建立通畅的沟通渠道，与员工进行有效的感情沟通和工作沟通，使员工在沟通过程中自由地表达对企业、工作的意见，从而形成良好的组织氛围。首先，要建立内部沟通制度，如公示制度、领导调研制度、合理化建议制度等；其次，要理顺内部沟通渠道，如领导接待日、公司网站、意见箱、谈心谈话、走访等。通过这两项措施，加强管理者与员工的沟通，创造一个鼓励沟通的工作环境，使职工始终保持良好的热情。石油企业的沟通激励可以采取多种措施，员工可以通过各种正式的和非正式的渠道交流看法，交换信息。①每周一次公司范围内的沟通，让员工及时了解企业这一周的销售情况、重要交易、生产经营业绩和重大事项，尤其是那些振奋人心的合同、业绩、人物和事件，激发员工的荣誉感和归属感；②每周进行一次上下沟通，这种沟通不仅可以

及时发现工作中的问题，而且可以增进双方的感情和关系；③企业还可以建立各种兴趣小组或俱乐部，如书画小组、棋牌小组、文艺小组等，并定期举行活动，以此增进沟通，激励员工士气，提高员工满意度，更能培养团队精神，塑造团队文化。

2. 员工成长与发展激励感知的建议

石油企业可以通过完善工作激励、目标激励、公平激励等三种精神激励方式，为员工提供有挑战性的工作、设定切实可行的目标、公平合理的奖惩体系以及差别奖励，满足员工成长与发展的需要，达到提高员工成长与发展激励感知的目的。

（1）工作激励。石油企业员工成长与发展激励感知与组织公民行为的组织忠诚维度正相关，r=0.328，P < 0.05，即提高员工的成长与发展激励感知可以激发员工的组织忠诚行为。石油企业管理者应通过科学的岗位设计和明确的发展计划，为员工提供具有内在意义和更高挑战性的工作，以满足员工自我实现的需要。与此同时，按照"员工素质工程"的要求，广泛开展岗位练兵和技能竞赛，如开展评选"十佳管理者"、"十佳首席工程师"、"十佳技术能手"等活动，为员工搭建多渠道的成才平台，激励员工立足岗位成才的愿望，并建立管理人才、技术人才和技能人才的培训、培养体系，从而提高员工的成长与发展激励感知，使员工感受到企业可以帮助自己实现自我价值，巩固员工扎根企业、服务企业的态度。

（2）目标激励。石油企业员工成长与发展激励感知与组织公民行为的积极主动维度正相关，r=0.205，P < 0.05；与组织参与维度显著正相关，r=0.460，P < 0.01，即提高员工的成长与发展激励感知可以提高员工的积极主动性和组织参与度。石油企业管理者应充分发挥目标的引发、导向和激励作用，通过设定有效的、清晰的组织目标和个人目标，明确员工在目标实现过程中的角色，并对员工提供实质性的帮助，使员工健康快速地成长和发展，从而提高员工的成长与发展激励感知，启发员工奋发向上的内在动力，达到提高员工积极主动性和组织参与度的目的。

（3）公平激励。石油企业员工成长与发展激励感知与组织公民行为的助人行为维度显著正相关，r=0.605，P < 0.01，即提高员工的成长与发展激励感知可以激发员工的助人行为。公平原则是石油企业管理实践中精神激励的首要原则。激励的目的是调动员工的积极性和创造性，如果在实施中

稍有偏颇，有失公平，就可能适得其反，不但降低激励的效力，还会影响同事关系。石油企业管理者应破除论资排辈、求全责备的思想，树立用人所长，能者居位的观念，并引入合理的内部竞争，让每位员工都有工作压力，在竞争过程中经受锻炼，增长才干，也可以有效避免不公平造成的员工间情感冷漠，同时，提倡团队协作、互帮互助，在企业中形成团结友爱的氛围，激发每位员工的助人行为。

3. 员工荣誉与晋升激励感知的建议

荣誉与晋升激励感知是员工精神激励感知的重要组成部分，直接影响员工精神激励感知的水平。荣誉激励、文化激励是影响员工荣誉与晋升激励感知的关键因素，因此本书建议从荣誉激励和文化激励两个方面来提高员工的荣誉与晋升激励感知。

（1）荣誉激励。石油企业员工荣誉与晋升激励感知与组织公民行为的积极主动维度和表达意见维度正相关，r=0.360，P < 0.05；r=0.368，P < 0.05，即提高员工的荣誉与晋升激励感知可以激发员工的积极主动行为和表达意见行为。荣誉是众人或组织对个体或群体的崇高评价，是员工的期望结果之一，是满足员工自尊需要，激发员工奋发进取的重要手段，是对员工行为的良好结果进行积极强化的有效手段。石油企业可以通过文件通报、信息、会议以及网络等宣传媒介，对员工的先进事迹进行表扬，从而达到弘扬正气，在企业内部形成奋发向上的良好气氛，并开展各种创先争优和评比活动，大力表彰各方面的先进员工，满足员工自尊和自我实现的需求，提高员工的荣誉与晋升激励感知，强化员工的积极主动行为和表达意见行为。

（2）文化激励。石油企业员工荣誉与晋升激励感知与组织公民行为的组织参与维度和组织忠诚维度显著正相关，r=0.615，P < 0.01；r=0.320，P < 0.01，即提高员工的荣誉与晋升激励感知可以提高员工的组织参与度和组织忠诚度。企业文化是企业全体员工共同创造的群体意识，是一种黏合剂，它以一种微妙的方式来沟通人们的思想、感情，融合人们的思想、信念、作风、情操，把各个层次的员工团结在组织周围，为其增添动力。只有当企业文化能够真正融入每个员工个人的价值观时，员工才能把企业的目标当成自己的奋斗目标。因此构建员工认可的企业文化，可以促进员工为企业发展和实现自我价值不断进取，从而不断为企业发展注入动力。石

油企业管理者要倡导全体员工践行以"尊重自己、尊重他人、尊重企业"为基本准则的和谐企业文化理念，通过精神文化引领企业，增强员工的使命感；通过制度文化来规范企业，促进企业和谐；通过行为文化来引导员工，规范员工的行为。以此培养员工的社会价值观和人生价值观，形成员工的核心价值观，增强员工的自豪感、认同感和归属感，从而在企业中形成良性的荣誉与晋升文化，提高员工的荣誉与晋升激励感知，实现提高员工组织参与度和组织忠诚度的目标。

第七章 研究结论与展望

员工组织公民行为是目前人力资源管理研究领域和管理实践中的一个重要课题，国内外诸多员工组织公民行为的研究视角多集中在员工组织公民行为的影响结果上，而员工组织公民行为的前因变量研究则相对欠缺。本书立足于石油企业实际，采用文献资料法、实地调查法、规范与实证相结合方法，探讨了石油企业员工精神激励感知对员工组织公民行为的影响。研究表明，石油企业员工精神激励感知有助于员工表现出员工组织公民行为，而且石油企业员工精神激励感知各个维度对员工组织公民行为各个维度的影响程度存在差异。

一 研究结论与创新点

（一） 研究结论

本书以国内外员工精神激励感知研究和组织公民行为研究的理论成果为依据，结合对国内石油企业的实地调查和与石油企业员工就精神激励感知及组织公民行为开展广泛访谈，遵循借鉴性原则、实际性原则、重要性原则、简明性原则、流畅性原则，编制了石油企业员工精神激励感知量表和组织公民行为量表，并完成石油企业员工精神激励感知和组织公民行为的问卷调查。在此基础上，运用相关分析方法、回归分析方法、探索性因素分析方法、验证性因素分析方法、结构方程模型方法对量表数据进行分析处理，得到了相关结论。

（1）石油企业员工精神激励感知分为参与激励感知、成长与发展激励感知、荣誉与晋升激励感知三个维度，且石油企业员工精神激励感知的水平因人口统计量的不同而存在差异。

（2）石油企业员工组织公民行为分为积极主动、组织参与、表达意见、组织忠诚、助人行为五个维度，且石油企业员工组织公民行为的表现形式因人口统计变量的不同而存在差异。

（3）石油企业员工精神激励感知能够有效地预测员工的组织公民行为，且员工精神激励感知各维度对员工组织公民行为各维度的影响程度存在差异。构建了石油企业员工精神激励感知与组织公民行为关系模型，对其进行了数据拟合，更为直观地显示了石油企业员工精神激励感知对组织公民行为的作用机理。

（4）本书结合研究结论和石油企业实际及员工的工作特点，针对员工精神激励感知的三个维度给出了具体的实施建议，为石油企业员工精神激励提供了理论依据。

（二）研究的创新点

本书的创新点在于：（1）精神激励感知理论创新。通过归纳分析精神激励的含义以及精神激励的方式，丰富了员工精神激励感知研究的理论，认识到精神激励的本质是启动员工的内在动力系统，以自我管理为主、组织支持为辅，在组织的帮助下实现自我管理、自我提升和自我实现。（2）研究工具创新。在中国特定的企业背景下，结合石油企业实际，研究开发了石油企业员工精神激励感知量表和石油企业员工组织公民行为量表，丰富了员工精神激励感知和组织公民行为的测量工具。（3）研究结论创新。通过探索研究和验证研究，将石油企业员工精神激励感知分为参与激励感知、成长与发展激励感知以及荣誉与晋升激励感知三个维度，将石油企业员工组织公民行为分为积极主动、组织参与、表达意见、组织忠诚以及助人行为五个维度，并在相关分析和回归分析的基础上，构建了石油企业员工精神激励感知与组织公民行为关系模型。

二 研究不足与展望

本书对石油企业员工精神激励感知与组织公民行为的关系进行了研究，研究结论具有一定的理论意义和实践意义。由于量表设计和研究方法上的缺陷，研究结论仍存在不足之处，需要进一步完善。

（1）本书主要采用问卷调查来收集数据，数据的科学性、全面性直接影响着研究结论，建议在以后的研究中融入实验法等其他方法。

（2）本书的数据处理主要采用相关分析和回归分析的方法，而相关分析和回归分析主要考察研究对象之间的直接关系，无法解释变量之间的交互效应和内部复杂的关系，容易造成研究结果与实际的偏颇，建议在以后的研究中将变量间的交互效应纳入研究范畴。

（3）研究结论的普适性有待进一步检验。本书是以中国石油企业员工为研究样本来对员工精神激励感知与组织公民行为的关系进行研究，而不同行业背景员工的精神激励感知水平及组织公民行为的表现形式均存在差异，因此，研究结论是否对其他行业的员工适用有待进一步探讨和研究。

附录

员工精神激励感知与组织公民
行为关系研究相关问卷

尊敬的女士/先生：

您好！感谢您在百忙之中填写本问卷，这是一份学术性的问卷，探讨员工精神激励感知与组织公民行为的关系。非常希望得到您的热情帮助。本次调查采用匿名方式，所有信息严格保密，仅用于学术研究。您的回答将对这次的研究结果产生重要影响，敬请您如实作答，放心作答。非常感谢！

第一部分：以下是关于员工精神激励感知的描述，请您根据自己的赞同程度作出选择，在最符合您想法的号码上打"√"。

题项 ＼ 选项	非常不符合	不符合	不确定	符合	非常符合
1. 企业为您提供了必需的知识技能培训	1	2	3	4	5
2. 培训让您感受到公司对您的重视	1	2	3	4	5
3. 培训提高了您对自我价值的肯定	1	2	3	4	5
4. 您的工作目标与企业追求的目标是一致的	1	2	3	4	5
5. 企业能参考、尊重您合理的建议	1	2	3	4	5
6. 企业严格按照标准晋升员工	1	2	3	4	5
7. 您的工作会受到领导的表扬和鼓励	1	2	3	4	5
8. 您会努力争取优秀员工等荣誉	1	2	3	4	5
9. 您的能力和特长可以在工作中发挥	1	2	3	4	5
10. 您的工作目标具体、明确	1	2	3	4	5
11. 您了解自己在实现企业目标中所起的作用	1	2	3	4	5

续表

选项 题项	非常不符合	不符合	不确定	符合	非常符合
12. 企业员工能参与并影响企业决策	1	2	3	4	5
13. 您会为争取升职的机会而努力工作	1	2	3	4	5
14. 您的付出与获得的荣誉是一致的	1	2	3	4	5
15. 您在工作中获得的成就感大	1	2	3	4	5
16. 员工可以把建议和问题等信息自下而上地反映	1	2	3	4	5

第二部分：以下是有关您组织公民行为的描述，请选择最能代表您工作感受的选项，在最符合您想法的号码上打"√"。

选项 题项	非常不符合	不符合	不确定	符合	非常符合
1. 维护公司团结，不在背后批评同事或上司	1	2	3	4	5
2. 自觉参加企业组织的义务活动	1	2	3	4	5
3. 积极组织参与员工自发的联谊活动，如聚会或郊游	1	2	3	4	5
4. 主动美化工作环境，如参与绿化	1	2	3	4	5
5. 积极参加各类培训学习，甚至在下班后自费进修	1	2	3	4	5
6. 主动承担工作以外的任务和责任	1	2	3	4	5
7. 对本职工作抱有钻研精神，精益求精	1	2	3	4	5
8. 为了工作，利用业余时间学习	1	2	3	4	5
9. 在干好干坏一个样的情况下，仍认真负责地工作	1	2	3	4	5
10. 主动提出对企业发展有利的合理化建议	1	2	3	4	5
11. 协助同事解决生活中的实际困难	1	2	3	4	5
12. 当同事负担过重时，会自愿提供帮助	1	2	3	4	5
13. 即使得罪领导，也会如实地向他汇报工作中出现的困难	1	2	3	4	5
14. 主动向领导提出改善工作的建议	1	2	3	4	5
15. 在被要求之前就主动解决工作问题	1	2	3	4	5
16. 节约使用企业的资源，如水、电、办公用品	1	2	3	4	5
17. 主动向外界介绍或宣传企业的优点	1	2	3	4	5
18. 为维护公司的公众形象，注重个人的仪表及行为	1	2	3	4	5
19. 愿意在社会上以自己美好的形象为企业添光彩	1	2	3	4	5
20. 与企业内各种不良现象作斗争	1	2	3	4	5
21. 当工作出现差错时及时让领导知道	1	2	3	4	5
22. 乐于帮助同事解决工作上的问题	1	2	3	4	5

个人基本信息：

1.您的性别：

    A. 男　　B. 女

2.您的婚姻状况：

    A. 未婚　B. 已婚

3.您的年龄：

    A. 20—29岁　　B. 30—39岁　　C. 40—49岁

    D. 50岁以上

4.您的文化程度：

    A. 高中及以下　　B.专科　　C. 本科　　D. 硕士　　E. 博士

5.您所从事工作年限：

    A. 1—5年　　B. 5—10年　　C. 10年以上

6.您的年收入约为：

    A. 2万元以下　　B. 2万—3万元　　C. 3万—5万元　　D. 5万元以上

7.您的职务：

    A. 普通员工　　　　B. 基层管理人员

    C. 中层管理人员　　D. 高层管理人员

参考文献

1.齐善鸿、刘明、吕波：《精神激励的内在逻辑及操作模式》，《科学管理研究》2007年第 7 期。

2.王朝晖：《 精神激励在人力资源管理中的作用》，《经济论坛》2004年第24期。

3.Ashmos D.P. & Duchon D., "Spirituality at work: a conceptualization and measure", *Journal of Management Inquiry*, Vol. 9 , No. 2, 2000.

4.John Milliman, Andrew J. C. & Jeffery F., "Workplace spirituality and employee work attitudes", *Journal of Organizational Change Management*, Vol.16 , No.4, 2003.

5.申来津：《精神激励的权变理论》，武汉理工大学出版社2003年版。

6.Amar A.D., "Motivating knowledge workers to innovate: a model integrating motivation dynamics and antecedents", *European Journal of Innovation Management*, Vol.17, No.2, 2004.

7.袁瑛、卢文文：《管理中的物质激励和精神激励》，《中国集体经济》2009年第3期。

8.王霞：《房地产经营与管理》，复旦大学出版社2005年版。

9.刁黎辉：《企业员工精神激励的研究——国有电力企业案例研究》，博士学位论文，对外经济贸易大学，2006年。

10.《马克思恩格斯选集》第4卷，人民出版社1995年版。

11.苏方国、赵曙明：《组织承诺、组织公民行为与离职倾向关系研究》，《科学学与科学技术管理》2005年第8期。

12.Smith,C.,Organ,D.,Near,J., "Organizational Citizenship Behavior:Its Nature and Antece-dents", *Journal of Applied Psychology*,No.39，1983.

13.Fields，*Taking the Measure of Work*，Thousand Oaks,CA:Sage Publications,Inc.,2002.

14.Organ,D.，*Organizational Citizenship Behavior:The Good Soldier Syndrome*，Lexington,MA: Lexington Books，1988 .

15.Garham J. W.，*Organizational citizenship behavior: Consruct redefinition, operationaliza-tion and validation*，Unpublished manuscript,Loyola University，1989.

16.Podsakoff P. M., MacKenzie S. B., Paine J.B., Bachrach D. G.，"Organizational Citizenship Behaviors: A Critical Re-view of the Theoretical and Empirical Literature and Suggestions for Future Research"，*Journal of Management*,No.26,2000.

17.Organ D.W.，"A restatement of the satisfaction-performance hypothesis"，*Journal of management*,No.14,1988b.

18.Organ D.W.，"The subtle significance of job satisfaction"，*Clinical Laboratory Management Review*,No.14,1990.

19.Van Dyne L., Graham J.W., Dienesch R. M.，" Organizational citizenship behavior: Constru-ct redefinition, measurement and validation"，*Academy of management Journal*，No.37,1994.

20.George J.M., Brief A.P.，" Feeling good-doing good: A conceptual analysis of the mood at working-organizational spontaneity relationship"，*Psychological Bulletin*,1992.

21.Borman W.C., Motowidlo, S.J.，"Task Performance and contextual Performance: The meaning for personnel selection research"，*Human Performance*,1997.

22.Moorman R.H., Blakely G. L.，Individualism-collectivism as an individual difference predictor of organizational citizenship behavior，*Journal of organizational behavior*,No.16，1995.

23.朱瑜、凌文铨：《组织公民行为理论研究的进展》，《心理科学》2003年第1期。

24.罗明亮：《组织公民行为研究——理论与实证》，经济管理出版社2007年版。

25. Podsakoff P. M., MacKenzie S. B., Paine J.B., Bachrach D.G., "Organizational Citizenship Behaviors: A Critical Re-view of the Theoretical and Empirical Literature and Suggestions for Future Research", *Journal of Management*, No.26, 2000.

26.Organ D.W., Ryan K., "A meta-analytic Review of attitudinal and Dispositional Predictors of Organizational Citizenship Behavior", *Personnel Psychology*, No.48, 1995.

27.Bateman T.S., Organ D.W., "Job satisfaction and the good soldier: The Relationship between affect and employee 'citizenship'", *Academic of Management Journal*, No.26,1983.

28.刘一平:《组织承诺影响因素比较研究》,《管理科学》2003年第4期。

29.Allen,N.J.& Meyer,J.P., "The Measurement and Antecedents of Affective, Continuance, and Normative Commitment to the Organization", *Journal of Occupational Psychology*,No.63,1990.

30.Shore L.M., Wayne S.J., "Commitment and employee behavior: Comparison of affective commitment and continuance commitment with perceived organizational support", *Journal of Applied Psychology*,Vol.78,No.5.

31.韩翼:《组织承诺维度及其对角色和角色外绩效的影响》,《中国管理科学》2007年第15期。

32.Niehoff B.P., Moorman R.M., "Justice as a mediator of the relationship between methods of monitoring and Organizational citizenship behavior", *Academy of Management Journal*, Vol.36,No.3,1993.

33.Scholl R.W., Cooper R.A., Mckenna J.F., "Referent selection in determining equity perceptions:differential effects on behavioral and attitudinal outcomes", *Personnel Psychology*,No.40,1987.

34.郭晓薇:《企业员工组织公民行为影响因素的研究》,华东师范大学,博士学位论文,2004年。

35.Moorman R.H., "Relationship between organizational justice and organizational citizenship behaviors: Do fairness perceptions influence employee citizenship?", *Journal of Applied Psychology*,No.76,1991.

36.Farh J., Earley P.C., Lin S., "Impetus for action: A cultural analysis

of justice and organizational citizenship behavior in Chinese society",
Administrative Science Quarterly, No.42,1997.

37.罗秋明:《论心理契约与组织公民行为的关系》,《湖南工业大学学报（社会科学版）》2009年第4期。

38.Mackenzie S.B., Podsaoff P. M.," Organizational citizenship behavior: A critical review of the theoretical and empirical literature and suggestions for future research", *Journal of Management*, No.3,2000.

39.Silverthorne, C., "A test of the path-goal leadership theory in Taiwan", *Leadership & Organization Development Journal*, Vol.22,No.4,2001.

40.Pierce J.L., Rubenfeld S.A., Morgan S.," Employee ownership: A conceptual model of process and effects", *Academy of Management Review*, Vol.16,No.1,1991.

41.Don Vandewalle, Van Dyne & Kostova," Psychological Ownership: An empirical examination of its consequences", *Group & Organization studies*,Vol.20,No.2,1998.

42.Pierce J.L., Tatiana K., Kurt T.D., "Toward a theory of psychological ownership in organizations", *The Academy of Management Review*,Vol.26,No.1,2001.

43.Van Dyne & Pierce J.L.," Psychological ownership and feelings of possession: Three field studies predicting employee attitude and Organizational citizenship behavior", *Journal of Organization Behavior*,No.25,2004.

44.陈明政:《组织公平与组织公民行为关系之研究——以金融业为例》,博士学位论文,淡江大学管理科学研究所,1996年。

45.张爽、乔坤:《交易型与改造型领导行为对员工组织公民行为的影响》,《大连理工大学学报（社会科学版）》2006年第3期。

46.朱蕾:《基于心理契约的组织公民行为研究》,博士学位论文,山东大学,2007年。

47.吴志明、武欣:《变革型领导、组织公民行为与心理授权关系研究》,《管理科学学报》2007年第5期。

48.袁凌、陈俊:《感知义务对组织支持与组织公民行为的中介作用检验》,《统计与决策》2008年第6期。

49.解志韬、田新民、祝金龙：《变革型领导对员工组织公民行为的影响：检测一个多重中介模型》，《科学学与科学技术管理》2010年第3期。

50.严丹、张立军：《组织公平对组织承诺及组织公民行为影响》，《工业工程与管理》2010年第3期。

51《马斯洛论管理》，机械工业出版社2007年版。

52.陈传明、周小虎：《管理学原理》，机械工业出版社2007年版。

53.斯蒂芬·P.罗宾斯：《管理学原理》，中国人民大学出版社2004年版。

54.斯蒂芬·P.罗宾斯：《组织行为学》，中国人民大学出版社1997年版。

55.于秀芝：《人力资源管理》，经济管理出版社2003年版。

56.Lyman Porter, Gregory Bigley, *Motivation and Work Behavior*, New York: McGraw-Hill, 2006.

57.加里·德斯勒：《人力资源管理》，刘昕、吴雯芳译，中国人民大学出版社2004年版。

58.肖云、胡加毅：《双因素理论下提高员工满意度的策略》，《人才资源开发》2009年第3期。

59.［英］F.W.梅特兰：《员工激励》，何小蕾译，上海人民出版社2006年版。

60.周三多：《管理学》，复旦大学出版社2007年版。

61.Locke E.A., Chah D.O., Harrison D. S., Lustgarten N., "Seperating the effects of goal specificity from goal level", *Organizational Behavior and Human Decision Process*,No.43,1989.

62.［美］艾伯特·班杜拉：《自我效能:控制的实施》（上下册），缪小春译，华东师范大学出版社2003年版。

63.张美兰、车宏生：《目标设置理论及其新进展》，《心理学动态》1999年第2期。

64.Adams J. Stacy., "Inequity in social exchange", InBerkowitz Lenard（eds）, *Advance in experiment social psychology*, New York: Academic Press, 1965.

65.张森林：《基于组织政治认知的石油企业员工绩效实证研究》，博士学位论文，西南石油大学，2010年。

66.唐丽莉：《企业员工组织承诺对关系绩效影响的实证研究》，博士学位论文，大连理工大学，2006年。

67.易丹辉：《结构方程模型方法与应用》，中国人民大学出版社2008年版。

68.周涛、鲁耀斌：《结构方程模型及其在实证分析中的应用》，《工业工程与管理》2006年第5期。

69.Anderson J.C., Gerbing D.W., "Structural equation modeling in practice: a review and recommended two-step approach", *Psychological Bulletin*, Vol.103, No.3, 1988.

70. Rousseau D.M., "New hire perspectives of their own and their employer's obligations: A study of psychological contracts", *Journal of Organizational Behavior*, No.11, 1990.

71. Freese C., Schalk R., "Implications of Differences in Psychological Contracts for Human Res ources Management", *European Journal of Work and Organizational Psychology*, No.5, 1996.

72.彭川宇：《基于人口统计学特征的知识员工心理契约感知差异调查》，《工业技术经济》2008年第10期。

73.王发明：《工作特性、人格特质与工作满意度关系的实证研究》，《重庆大学学报（社会科学版）》2010年第4期。

74.徐长江、时勘：《对组织公民行为的争议和思考》，《管理评论》2004年第3期。

75.李燕娜：《创业企业人力资源实践对组织公民行为的影响》，博士学位论文，浙江大学，2007年。

76.刘媛：《心理契约对组织公民行为的影响分析》，《商场现代化》2008年第3期。

77.谭清蓉：《心理契约与组织公民行为》，《管理观察》2009年第5期。

78.Robinson S.L., Morrison E.W., "Psychological Contacts and OCB: The Effects of Unfulfilled Obligations on Civil Virtue Behavior", *Journal of Organizational ehavior*, No.16, 1995.

79.Parker C.P., Baltes B.B., Young S.A., et al., "Relationships between psychological climate perceptions and work outcomes:A meta-analytic review", *Journal of Organizational Behavior*, Vol.24, No.4.

80.Dessler G.,*Organizational and Management: A contingency approach,*Englewood Cliffs, N J:Prentice-Hall,1976.

81.Lewin K., Lippit R., White R.K., " Patterns of aggressive behavior in experimentally created 'Social Climate' ", *Journal of Social Psychology*,Vol.10,No.2,1939.

82.Argyris C., "Some problems in conceptualizing organizational climate: A case study of a bank", *Administrative Science Quarterly*,Vol.2,No.4,1958.

83.Schneider B., Snyde R.A., " Some Relationships between Job Satisfaction and Organizati-onal Climate", *Journal of Applied Psychology*,Vol.60No.3,1975.

84.Schneider B., Reichers A.E., " On the Etiology of Climates ", *Ames, Personnel Psychology*, Vol.36,No.1,1983.

85.Prichard R.D., Karasick B.W., " The Effects of Organizational Climate on Managerial Job Performance and Job Satisfaction", *Organizational Behavior and Human Performance*, Vol.9,No.1,1973.

86.许士军、黎史:《组织气候尺度在我国企业机构的适用性探讨》,《"国立"政治大学学报》1972年第26期。

87.Forehand G.A., Vonhallergilmer B., "Environmental Variation in Studies of Organizati-onal Behavior", *Psychological Bulletin*,Vol，9，No.1.

88.许士军:《工作满足个人特征与组织气候——文献探讨及实证研究》,《"国立"政治大学学报》1977年第5期。

89.陈维政、李金平、吴继红:《组织气候对员工工作投入及组织承诺的影响作用研究》,《管理科学》2006年第6期。

90.Deborah L.Kidder., "The Influence of Gender on the Performance of Organizational Citizenship Behaviors ", *Journal of Management*,Vol.28.No.5,2002.

91.曹科岩、龙君伟:《教师组织公民行为:结构与影响因素的研究》,《心理发展与教育》2007年第1期。

后 记

　　本书是在我的博士论文的基础上修改而成的。我涉足经济学和管理学的研究还得追溯到我在中央党校研究生院学习期间，当时的研究生院副院长、教授、博士生导师赵长茂先生曾在学术上给予我启示。后来我在清华大学现代公共管理高级进修班学习时，有幸聆听了中国人民大学教授、博士生导师朱立言先生和教授、博士生导师叶卫平先生的教诲，也给予我诸多的启示。

　　我在成都西南石油大学读博士期间，我的导师石油大学原副校长张斌教授以严谨的治学态度，给予我多方面的指导和关心，并倾注了大量的心血，体现了一位长者的学术风范。石油大学经济管理学院博士生导师刘先涛教授、博士生导师张吉军教授、博士生导师余晓钟教授、刘鸿渊教授、胡国松教授曾给予我多方面的指导和关心。我的论文答辩委员会主席、西南财经大学副校长、教授、博士生导师边慧敏女士曾给我指出，精神激励与组织公民行为关系的研究不应局限于石油企业，还应拓展到其他领域。这为我的研究指明了方向。

　　本书的初稿形成后，分别征求过四川省政协副主席陈次昌博士，四川省社会科学界联合会原党组书记、副会长梁守勋研究员，四川省省委党校原常务副校长、中国领导科学研究会副会长李锡炎教授，成都师范学院原政教系主任王永乾教授的意见和建议，在此致以深深的谢意。

　　在我的调研和收集资料过程中，还得到胜利油田、塔里木油田、吐哈油田、中石油川庆钻探公司、中原油田井下作业公司、西南油气田公司经济研究所等单位的大力支持，在此深表谢意。

在本书形成过程中，我的同事、朋友和师兄、师弟给了我不懈的支持和关心。我的家人，特别是儿子家岐也不断鼓励我。还要感谢中国社会科学出版社王斌先生的大力支持。如果没有这些，我很难完成本书的写作。

伍利民

2011年12月1日